"十四五"职业教育国家规划教材

"十三五"职业教育国家规划教材
职业教育电子商务专业改革创新教材

网店美工

丛书总主编　周天平
丛书副总主编　王　欣
主　编　黄振宁
副主编　刘悦青　卢绍魁
参　编　李京舟　陈孝萍　张　伟
　　　　伊晓明　宫曙光　卞爱莲
主　审　王　欣

机械工业出版社

本书共有10个项目、23个任务，根据网店美工发展趋势和行业设计特点，通过美工岗位认知、店铺装修基本理念、产品主辅图设计、LOGO设计、店招及导航栏设计与制作、Banner广告及侧栏广告设计与制作、详情页及首焦海报设计、页尾设计及综合实战等10个项目，详细讲述了网店美工岗位的重要性和工作流程，通过实际案例讲述了如何利用Photoshop进行商品图片的处理，结合美工设计要求突出创意思路、设计技巧及设计要领。本书采用项目教材编写体例，突出了实践性教学，具有较强的实操性，同时书中适当添加了相关法律法规和传统文化的讲解，并且每个项目后都附有习题供读者进行自主学习和巩固训练。

本书是中等职业学校电子商务专业的一门核心课程教材，适合作为电子商务专业、市场营销专业、新媒体营销专业等财经商贸类课程的教材，也可作为网上开店的新手装修自家店铺的参考书。

本书配有丰富的教学资源，可通过机械工业出版社教育服务网（www.cmpedu.com）免费获得；同时配备微课视频资源，以二维码形式呈现于书中；通过超星学习通平台建立的网上课程更使本书如虎添翼，辅助教师教学、引领学生自学。

图书在版编目（CIP）数据

网店美工/黄振宁主编. —北京：机械工业出版社，2018.12（2023.9重印）

职业教育电子商务专业改革创新教材

ISBN 978-7-111-61851-5

Ⅰ．①网… Ⅱ．①黄… Ⅲ．①网店—设计—职业教育—教材
Ⅳ．①F713.361.2

中国版本图书馆CIP数据核字（2019）第029213号

机械工业出版社（北京市百万庄大街22号　邮政编码100037）
策划编辑：宋　华　　　责任编辑：宋　华　王　慧
责任校对：王　欢　　　封面设计：马精明
责任印制：任维东

北京市雅迪彩色印刷有限公司印刷

2023年9月第1版第11次印刷

184mm×260mm・13.25印张・327千字

标准书号：ISBN 978-7-111-61851-5

定价：49.80元

电话服务	网络服务
客服电话：010-88361066	机 工 官 网：www.cmpbook.com
010-88379833	机 工 官 博：weibo.com/cmp1952
010-68326294	金 书 网：www.golden-book.com
封底无防伪标均为盗版	机工教育服务网：www.cmpedu.com

关于"十四五"职业教育
国家规划教材的出版说明

为贯彻落实《中共中央关于认真学习宣传贯彻党的二十大精神的决定》《习近平新时代中国特色社会主义思想进课程教材指南》《职业院校教材管理办法》等文件精神，机械工业出版社与教材编写团队一道，认真执行思政内容进教材、进课堂、进头脑要求，尊重教育规律，遵循学科特点，对教材内容进行了更新，着力落实以下要求：

1. 提升教材铸魂育人功能，培育、践行社会主义核心价值观，教育引导学生树立共产主义远大理想和中国特色社会主义共同理想，坚定"四个自信"，厚植爱国主义情怀，把爱国情、强国志、报国行自觉融入建设社会主义现代化强国、实现中华民族伟大复兴的奋斗之中。同时，弘扬中华优秀传统文化，深入开展宪法法治教育。

2. 注重科学思维方法训练和科学伦理教育，培养学生探索未知、追求真理、勇攀科学高峰的责任感和使命感；强化学生工程伦理教育，培养学生精益求精的大国工匠精神，激发学生科技报国的家国情怀和使命担当。加快构建中国特色哲学社会科学学科体系、学术体系、话语体系。帮助学生了解相关专业和行业领域的国家战略、法律法规和相关政策，引导学生深入社会实践、关注现实问题，培育学生经世济民、诚信服务、德法兼修的职业素养。

3. 教育引导学生深刻理解并自觉实践各行业的职业精神、职业规范，增强职业责任感，培养遵纪守法、爱岗敬业、无私奉献、诚实守信、公道办事、开拓创新的职业品格和行为习惯。

在此基础上，及时更新教材知识内容，体现产业发展的新技术、新工艺、新规范、新标准。加强教材数字化建设，丰富配套资源，形成可听、可视、可练、可互动的融媒体教材。

教材建设需要各方的共同努力，也欢迎相关教材使用院校的师生及时反馈意见和建议，我们将认真组织力量进行研究，在后续重印及再版时吸纳改进，不断推动高质量教材出版。

机械工业出版社

本书依据《中等职业学校电子商务专业教学标准》,组织电子商务专业和文化创意专业教师,根据电子商务专业教学改革的需要,结合网店美工岗位职责的实际需求编写而成。

党的二十大报告指出:"加快发展数字经济,促进数字经济和实体经济深度融合,打造具有国际竞争力的数字产业集群。"在目前"互联网+"的时代,越来越多的企业和个人选择在网上开设网店作为展示平台,多方位地展示自己的企业品牌和产品。在产品价格与特色都大体相同的情况下,优化网店装修界面是店铺产生经济效益的一个重要保证。

目前市面上的网店装修书籍一部分以PS操作为主,主要讲解的是PS的基础操作;另一部分以理论为主,不涉及具体的店铺设计。本书的编者从网店运营实际出发,结合多年的电商教学经验,将设计网店的经验和技巧分享给读者。希望读者在使用装修软件设计网店的同时,能将营销思维和设计理念结合在一起设计出更美观实用的网店,进而提高网店的销售量,达到营销目的。

本书特点

- 教材着重于学生创新意识和创新能力的培养,以适应2035年"高水平科技自立自强,进入创新型国家前列,建成科技强国"的国家战略目标。
- 内容全面,从网店美工的岗位认知入手,了解网店美工的岗位认识和网店装修要点,通过实际案例的学习,了解商务网店设计的过程,全面提升读者的实践和设计创作能力与创意思维。
- 语言精练,讲解清晰,以"小技巧""知识加油站"等进行点拨,同时适当添加相关法律法规及传统文化知识,帮助读者巩固基础知识。
- 实例技巧性强,以目前较流行的服装和食品类进行网店美工的切入点进行案例讲解,直观性强。同时所有的实例均能实现,资源包中配备了设计源文件。
- 理论与实践相结合,在每个实例中都加入了与客户的沟通,提炼产品卖点,引导读者从营销的角度进行网店美工设计。

- 以项目式教学方式展开,在编写中将Photoshop软件基本知识与技能的学习和网店美工的实际设计融合在一起,以"项目—任务—活动"的呈现形式,设置情景,安排任务,切入典型案例分析,组织实践与体验活动,针对关键知识与技能点,设置练习与训练,加深理解与掌握,使读者对网店美工有全面的认识与了解。
- 评价环节的设置,有利于读者对知识进行回顾和总结,加深对知识的理解与掌握,也利于教师对教学效果的直观了解和把控。

本书具体学时分配建议如下:

项　目	内　容	参 考 学 时
项目一	岗位认知	4
项目二	店铺装修基本理念	8
项目三	产品主辅图设计	4
项目四	LOGO设计	4
项目五	店招及导航栏设计与制作	4
项目六	Banner广告及侧栏广告设计与制作	6
项目七	详情页设计	10
项目八	首焦海报设计	10
项目九	页尾设计	4
项目十	综合实战——首页整体效果图设计	18
总计学时		72

本书由黄振宁主编并统稿,刘悦青和卢绍魁为副主编。参与编写的人员有:黄振宁(项目一),李京舟(项目二),张伟、伊晓明、官曙光(项目三、项目十),刘悦青(项目四、项目八),陈孝萍(项目五),卢绍魁(项目四、项目六),卞爱莲(项目七、项目九)。本书在编写过程中,得到了广州市公用事业技师学院、广州市交通技师学院、兴宁市技工学校、威海工业技术学校、南京商业学校和杭州市开元商贸职业学校的大力支持,在编写之初,广东省农村电子商务协会、清远寻乡记生态农业发展有限公司、广州市白云区沙田柠檬农产品专业合作社等合作企业人员参与了教材编写体例、编写内容取舍等框架制定工作,由于内容编写需要,参考网上店铺的部分内容和相关书籍,在此表示衷心的感谢!由于编者水平有限,不足之处在所难免,恳请广大读者批评指正。

编　者

本书配套混合式教学包的获取与使用

超星学习通
www.chaoxing.com

本教材配套数字资源已作为示范教学包上线超星学习通，教师可通过学习通获取本书配套的演示文稿、微视频、在线测验、题库等。

扫码下载学习通APP，手机注册，单击"我"→"新建课程"→"用示范教学包建课"，搜索并选择"网店美工"教学资源包，单击"建课"，即可进行线上线下混合式教学。

学生加入课程班级后，教师可以利用富媒体资源，配合本教材，进行线上线下混合式教学，贯穿课前课中课后的日常教学全流程。混合式教学资源包提供PPT课件、微课视频、课程章节、在线测验和拓展阅读。

PPT课件　　微课视频　　课程章节　　课堂讨论　　在线测验　　扫码学课程

二维码索引
QR Code Index

名　　称	页　码	名　　称	页　码
动画微课1：岗位认知	16	动画微课5：LOGO的作用与案例赏析	56
动画微课2：网店整体规划	31	动画微课6：LOGO设计要点	56
动画微课3：高点击率主图的分类	39	动画微课7：店招设计	69
动画微课4：靠谱的主图就要这样做	40		

目录 Contents

前言

二维码索引

项目一　岗位认知　/ 001

任务一　走近美工　/ 001
任务二　美工岗位准备　/ 009

项目二　店铺装修基本理念　/ 017

任务一　图片处理　/ 017
任务二　网店色彩搭配　/ 024
任务三　网店布局　/ 030
任务四　网店美工文案编辑　/ 033

项目三　产品主辅图设计　/ 039

任务一　服装类主辅图制作　/ 039
任务二　食品类主辅图制作　/ 045

项目四　LOGO设计　/ 055

任务一　服装网店LOGO设计　/ 055
任务二　食品类网店LOGO设计　/ 062

项目五　店招及导航栏设计与制作　/ 068

任务一　服装类网店店招及导航栏设计与制作　/ 068
任务二　食品类网店店招及导航栏设计与制作　/ 072

项目六　Banner广告及侧栏广告设计与制作　/ 078

任务一　服装网店Banner广告和侧栏广告设计与制作　/ 078
任务二　食品网店Banner广告和侧栏广告设计与制作　/ 089

项目七　详情页设计　/ 101

  任务一　服装类网店详情页设计　/ 101
  任务二　食品类网店详情页设计　/ 112

项目八　首焦海报设计　/ 127

  任务一　服装类网店首焦海报设计　/ 127
  任务二　食品类网店首焦海报设计　/ 136

项目九　页尾设计　/ 145

  任务一　服装类网页页尾设计　/ 145
  任务二　食品类网页页尾设计　/ 150

项目十　综合实战——首页整体效果图设计　/ 156

  任务一　制作数码产品类网站　/ 156
  任务二　母婴产品类双十一首页设计　/ 165
  任务三　化妆品类618无线首页设计制作　/ 180

课后练习　/ 194

参考文献　/ 201

项目一 岗位认知

项目简介

本项目中,我们将从网店美工行业认知着手了解网店美工岗位的重要性和要求,同时通过网络搜索等手段查找相关信息,了解美工岗位的职业发展;通过网店美工常用的软件和拍摄设备的操作来初识网店美工这个岗位。

项目目标

- 了解网店美工在电子商务行业中的重要性。
- 认知网店美工相关的基础知识和要求。
- 了解网店美工的相关信息。
- 树立网店美工从业意识。

任务一 走近美工

任务介绍

在本任务中,我们将走近美工这一岗位,了解实体店和网店的区别,了解网店美工对电子商务行业的重要性,同时清楚网店美工的职业要求,以及网店美工工作职责和工作流程,并能通过网络搜索各企业招聘美工的信息来对自身进行定位。

任务描述

小张是一名电子商务专业的学生,经常在网上购买自己想要的商品,但对网上色彩斑斓的商品图是如何形成的一直是一知半解。在学习了"商品拍摄"和"Photoshop图像处理"等专业课程之后,对商品图片的后期处理及上网发布就更有兴趣了。但小张不知自己毕业之后能否胜任网店美工这份工作,所以做了以下一些探索。

任务实施

第一步:寻找美工

一、实体店和网店对比

小张觉得要想了解网店美工,首先应该清楚网店是什么,因此他找到了李宁品牌在线下某一实体店的图片和李宁线上官网进行对比，见图1-1和图1-2。

图1-1　李宁线下某实体店

图1-2　李宁官网部分截图

在比较了李宁线下实体店和官网之后，小张了解到网店其实就是一个在互联网上开设的商店，即将传统商务模式中的商店或超市直接搬到了网上，消费者可以在网店上浏览各种商品，将想购买的商品放入购物车，并且通过各种在线支付手段进行支付完成交易的网站。

> **想一想**
>
> 请同学们结合网络搜索并思考,李宁官网上的商品是根据什么分类进行陈列的?如果要查看某种商品要如何操作?

知识链接 》》

1. 美工师

按国家职业标准的定义,美工师是指以视觉传达设计为基础,使用主流电脑美术设计软件从事平面设计、网页设计、多媒体制作或提供电脑美术设计相关服务的技术人员。

2. 网店美工

网店美工是网店页面美化工作者的统称。周边工作有网店设计(平面设计)、P图(图片处理)。在淘宝网店中美工的主要工作是设计商品主图、详情页等。

知识加油站 》》 网店美工的重要性

网店的美化与实体店面的装修一样,都是为了让店铺变得更加吸引人,使顾客流连忘返。现在网络是典型的眼球经济,在淘宝开店的人都知道一句名言"一张美图胜千言"。而网店美工就是在淘宝平台允许的结构范围内,尽量通过图片、结构设计等让店铺更加丰富和美观,因为网络消费者都是从网上的文字和图片来了解商品的,见图1-3。

图1-3 淘宝网部分店家截图

小张在网上寻找想买的商品时总会觉得有些商品图好像一眼就能看出商家想表达的商品的特点,而有的商品图却引不起购买的欲望,这是怎么回事呢?

二、网店图片对比

对比一：网店首页

"三八"妇女节到了，小张想为妈妈买一双鞋子，在网上查找之后发现网店风格各不相同，比如"傲麦"真皮女鞋（见图1-4）首页大图风格偏向小清新，而"足脚show"网店（见图1-5）则是一目了然，同时其大大的优惠券吸引了小张的视线。

图1-4 "傲麦"真皮女鞋淘宝店

图1-5 "足脚show"女鞋淘宝店

对比二：详情页

小张想为妈妈买一款手包，在网上查找之后发现"丝芙伦"手包比较适合妈妈，那接下来如何打动妈妈这么资深的买家呢？于是小张将手包的人物效果图和细节图一一展示给妈妈看（见图1-6），最终妈妈被商品的亮点和人物展示图所打动，接受了孩子的礼物。

图1-6　手包详情页

> **想一想**　通过对女鞋网店首页和手包部分详情页的对比，同学们想一想，我们在购买商品时主要关注商品图的哪些细节呢？（提示：可以从页面设计、商品详情和优惠折扣等角度进行分析。）
>
> **提示：** 网店美工就是为了将商品的更多信息展示给消费者，从而达到营销推广的目的。

第二步：了解网店美工的职业发展

小张觉得自己在学校学习了Photoshop等图像处理软件，同时也学习了营销策划及文案编辑等课程，而且对电子商务行业感兴趣，是否可以往网店美工这一职业岗位上发展呢？小张决定在网上查看一下有关网店美工职业发展的信息。

方式一：通过淘宝网了解网店美工的任职要求和薪资情况

淘宝网针对卖家和用户开设了"淘工作"平台，淘宝的卖家为招聘方，任何有淘宝ID的用户都可以是求职方。淘宝用户只需要在浏览器中输入"https://zhaopin.taobao.com"就可以进入阿里巴巴旗下的招聘中心"淘工作"平台。在这个平台上搜索相应的"网店美工"就可以了解淘宝美工岗位的任职要求和薪资情况，见表1-1。

表1-1　淘工作上的部分企业详细任职要求及薪资水平

企业名称	任职要求	薪资水平（单位：元）
上海为课网络科技有限公司	1. 视觉设计/网页设计相关专业，有良好的美术功底和审美素质 2. 熟练使用Photoshop、Dreamweaver、Illustrator等设计软件 3. 热爱设计工作，思维活跃，富有创意，表现能力强，能独立完成设计方案 4. 善于沟通，有良好的团队合作精神和高度的责任感，能及时调整状态承受一定的工作压力，并能做到张弛有度	5000~7000

（续）

企业名称	任职要求	薪资水平（单位：元）
深圳车载之家汽车用品有限公司	1. 熟悉装修设计，在淘宝网担任过产品、页面设计者优先考虑 2. 熟悉美工软件Photoshop等的运用 3. 具有良好的网页及平面设计能力、较多的网站制作经验。对于网站的美工开发及色彩的搭配有着独到的见解和体会，了解色彩搭配知识，思维活跃、有创意、有较强视觉效果表现能力 4. 有责任心和上进心，善于沟通，具有团队合作精神	3000~5000
成都市天天旺贸易有限公司	1. 一年以上网页设计或平面设计相关工作经验 2. 精通Photoshop、CorelDRAW、Dreamweaver、AI等软件 3. 有良好的设计能力和审美能力；有较强文字表达能力和沟通协调能力 4. 懂摄影基础者优先	3000~5000

> **想一想**
>
> 学生动手在http://www.job592.com/职业圈网站搜索美工岗位的从业要求，并和表1-1进行对比，在下面的选项中，大多数网店对美工的任职要求有（　　）。
> A. 能熟练操作Photoshop、Dreamweaver、Illustrator等设计软件。
> B. 了解色彩搭配，有创意及较强的视觉效果表现能力。
> C. 善于沟通，具有团队合作精神。
> D. 有较好的网络搭建能力，能解决基本的网络出错问题。
> E. 有一定的美工工作经验。

方式二：通过智联招聘了解网店美工的职业热度。

作为全国知名的招聘网站BOSS直聘（www.zhipin.com）的招聘信息是广而全的，因此小张也在BOSS直聘上搜索了一下"网店美工"的职位信息，发现广州地区2022年1月3日当天可搜索到210条网店美工招聘信息。

> **想一想**
>
> 请同学们到BOSS直聘网上查看"网店美工"的职位信息，并想一想，为什么职位薪酬会有很大的差距？

第三步：了解网店美工的岗位职责及工作流程

一、岗位职责

通过自身的网上购物实践，并了解了美工岗位的任职要求之后，小张觉得自己可以按照兴趣先从事网店美工这一职业。那么，这一工作岗位除了将商品拍成宝贝图上传到网上，并且将网店的页面进行美化之外，还有哪些工作职责呢？

> **知识链接 》》**
>
> **淘宝美工岗位职责**
>
> （1）负责公司网络平台淘宝店铺/天猫商城的整体装修设计，并不断优化，提高客户体验感。
>
> （2）负责公司网络销售平台的每款宝贝图片的设计和美化，包括图片的修改和制作及动态广告条等设计。
>
> （3）对新开发的产品进行设计排版，结合商品特性制作图文并茂、有美感、有吸引力的详情描述页面。

（4）根据公司不定期促销计划，对公司网络平台店铺进行页面美化设计，配合推广人员制作推广效果图，并能提供营销策划建议。

（5）对公司的周边宣传资料与产品进行美术设计、创意。

二、工作流程

1. 接受任务

网店美工接受公司的美工任务，在接受任务时需要跟运营部门沟通，主要了解本次任务的活动方案，包括主题、目标人群、优惠信息等。

2. 规划布局

无论任务是需要制作网店首页，还是宣传海报，又或者是详情图等，都需要先对任务做一个大致的规划，如果是网店首页，则需要规划网店的色彩及店招、导航栏、客服区、商品展示区等模块的具体位置；宣传海报与详情图等单图任务，则需要规划模特位置、文案等，总之就是对任务中出现的模块、设计元素等都要做到心中有数。

3. 收集图片素材

根据规划的内容多渠道收集与任务相关的图片素材，作为网店美工平时要有收集素材的意识。

4. 制作详情图

根据任务制作店铺的相关模块详情图，包括制作店招、导航栏、客服区、商品展示区、页尾等相关模块元素。

5. 线上发布

制作好详情图后与后台程序员沟通交流，让后台程序员为详情图添加HTML代码，上传至公司网站，并测试。

6. 完成任务

整理相关资料，做好备份，以备后期进行资料查询。

> **想一想**
>
> 根据淘宝美工的工作流程，同学们讨论一下以下工作属于工作流程中的哪一步，并进行连线。
>
> A. 了解此次美工任务的主题　　　　1. 接受任务
> B. 为详情图添加HTML代码　　　　2. 规划布局
> C. 将此次美工任务的完整资料进行备份　3. 收集图片素材
> D. 收集与任务相关的图片　　　　　4. 制作详情图
> E. 网店主色调的设置　　　　　　　5. 线上发布
> F. 制作店招　　　　　　　　　　　6. 完成任务

第四步：网店美工的职业素养分析

第48次《中国互联网络发展状况统计报告》显示，截至2021年6月，我国网络购物用户规模达8.12亿，较2020年12月增长2965万，占网民整体的80.3%。这些数据体现了网上销售强大的生命力。网店是否能赢利除了运营策略之外，很大的影响因素在于网店装修和产品的包装。高颜值网店是品牌的象征、产品价值的展现，是促进销量的关键因素之一。漂亮和功能强大的网店往往可以使顾客停留更长的时间，如果店内营销也做得很到位的话，那么，顾客在网页停留的时间越长，成交的可能性也就越大。因为宝贝通过平面的形式展示给顾客，因此如何更好地体现出产品的卖点，如何让进店的顾客产生购买冲动则显得至关重要。这时候美工的任务就来了，要让客户感觉某件商品果然与众不同。如果产品属于大众产品，美工如何通过宝贝详情，体现出比其他卖家的优势呢？此时考核美工的就不光是单一图片处理的能力了，此时需要考虑的是如何整体配合突出要表达的主题，深刻理解文案并将其转化为美工设计。图1-7中的第一张图突出显示"8折"的促销信息，而第二张图主打的则是新春上新的新品介绍。

图1-7　创意对比图

> **想一想**
>
> 通过"创意对比图"，分析同样的商品为什么会有不一样的推销效果。网店美工除了会技术作图之外，是否还需要具备创意思维和营销思维？

知识链接 》　　　　　视觉营销

视觉营销由英文"visual merchandising"得来，归属于营销技术，更是一种视觉体验，指通过视觉效果设计达到产品营销或品牌推广的目的。为便于理解，我们称之为通过视觉的冲击和审美视觉感观提高顾客（潜在的）兴趣，达到推广产品或服务的目的。

议一议

判断对错：

没有营销意识的美工，不是一位好的美工。　　　　　　　　　　（　　）

页面不是关于图片的设计，而是关于用户认知的设计。　　　　　（　　）

任务评价

评价项目	自我评价（20分）		教师评价（80分）	
	分　值	评　分	分　值	评　分
能举例说明美工对于网店的重要性（至少2个案例）	10分		40分	
能归纳出网店美工竞争性大的原因	10分		40分	
	自我评价小计		教师评价小计	
综合评价：				

任务二　美工岗位准备

任务介绍

在本任务中，我们将学习与梳理美工岗位所需的基本知识和技能，通过对数码摄影的介绍，及对Photoshop、Fireworks和Flash等软件的使用来使同学们对美工这一岗位有更多的了解，为将来从事网店美工做好准备。

任务描述

小张是一名电子商务专业的学生，通过对任务一的学习之后了解到网店美工是网店页面美化工作者的统称。其工作内容主要有商品拍摄，设计主图及详情页等。那么，网店上的宝贝图片需要用什么样的设备进行拍摄呢？网店美工常用哪些软件工具呢？

任务实施

第一步：商品图拍摄工具准备

对于网店而言，商品图是布局陈列的主要内容，如果网店美工能对商品的早期拍摄图有更多了解，那么后期将拍摄图转化为商品图时就会事半功倍。很多商业图片都没有现成的，而是需要自己去拍摄，因此一台合适的数码相机成为美工进行商品采集的必要工具。

知识链接

数码相机

配备数字成像元件的相机统称为数码相机。因此,数码相机可以定义为是一种拍摄数码的工具,它将拍摄的数码图像存储在存储卡等数字存储介质上。将这些数码图像传输到计算机上,就可以使用图像编辑软件对数码图像进行各种编辑处理了。

数码单反相机,简称"单反"(见图1-8),是数码单镜头反光相机(Digital Single Lens Reflex,DSLR)的缩写。单镜头反光指的是取景方式,对于小张这种入门级美工人员而言,单反与普通数码相机(Digital Camera,DC)最大的区别主要是感光元件(CMOS/CCD)的尺寸不同。而电子感光元件的功能相当于传统胶片相机的胶片,也就是说,它们使用的"胶片"大小不同。

图1-8 尼康D3400

数码相机辅件

1. USB数据线

一般购买的数码相机经销商都会有配套的USB数据线,使用时分别连接好数码相机与计算机。打开数码相机的电源开关(一般会有ON/OFF作为提示),此时数码相机相当于移动硬盘,可将相应的数码照片复制到计算机的指定区域。

2. 读卡器

可以使用读卡器来读取相机里的存储卡,存储卡可能是SD卡、记忆棒或其他类型的存储卡,和使用U盘的方法相似。

3. 三脚架

直接用手拍摄,或多或少会有一定的抖动现象,使得图片模糊不清,可以使用三脚架固定相机。

4. 摄影灯光设备

灯光是摄影的关键,这个是必需的配备,可根据使用情况选用不同价格和规格的设备。

5. 拍摄台

小型的商品可以使用摄影棚,大型的商品则需要大型的背景纸布置拍摄场所。

试一试

请尝试通过网络搜索,了解数码相机三种图像格式——RAW、TIFF和JPEG的特点,并比较它们的优缺点,见表1-2。

表1-2 数码相机图像格式对比

格　　式	优　　点	缺　　点
RAW		
TIFF		
JPEG		

第二步：美工软件工具准备

1．Photoshop

Photoshop是一款平面的二维图像合成（处理）软件，它的专长在于图像处理，是以对现有的图像进行艺术再加工及合成特殊效果为主要功能的设计软件。数码相机拍摄的图片在导入计算机后可以使用Photoshop软件（见图1-9）进行处理，加工成符合网店美工所需要的商品图。

图1-9　Photoshop CS6界面

注：用Photoshop CS6软件设计网店美工所需要的商品图在后面的项目学习中有详细的介绍。

2．Fireworks

用Fireworks软件可以将商品图处理成更适合网络的小图片，因此小张借助网络搜索了Fireworks软件的信息，并和Photoshop软件一起进行了了解。

知识链接 》》　　　Fireworks

Adobe Fireworks可以加速Web设计与开发，是一款创建与优化Web图像和快速构建网站与Web界面原型的理想工具。Fireworks不仅具备编辑矢量图形与位图图像的灵活性，还可与Adobe Photoshop、Adobe Illustrator、Adobe Dreamweaver和Adobe Flash软件集成使用。

网页上的JPG图片如果过大，会严重影响页面的打开速度，Fireworks提供优化图片的功能，即缩小图片所占空间，而且不影响画面的质量（除非放大了与原图对比）。由于目前网店美工大多数是用Photoshop制作JPG图片，所以它的容量会很大，最好还是用Fireworks来处理一下，Fireworks CS6界面见图1-10。

图1-10　Fireworks CS6界面

用Fireworks优化JPG格式图片

（1）观察图片"啤酒—优化前.jpg"，确定图片大小为256KB，尺寸为500px×647px。在Fireworks中打开该图片，见图1-11。

（2）在Fireworks右上角单击"优化面板"，选择"JPG"格式，然后选择压缩品质，见图1-12。

（3）单击窗口左上角"预览"按钮，就可以实时看到压缩的结果（见图1-13）和图片压缩后的大小。

（4）将优化后的图片另存为"啤酒—优化后.jpg"，此时该图片为82.9KB，尺寸为500px×647px。

图1-11　啤酒—优化前　　图1-12　优化面板信息　　图1-13　优化后的预览效果

注：该优化操作是使图片尽量小，同时保证图片质量。

3．美图秀秀

美图秀秀是一款免费的图像处理软件，与Photoshop相比，操作要简单得多，下载也方便。美图秀秀的界面直观，操作简单，基本是"一键操作"，可以让用户快速制作出效果出众的照片。美图秀秀操作界面见图1-14。

图1-14　美图秀秀操作界面

4．光影魔术手

光影魔术手是一款免费、简单易用，不需要任何专业的图像处理技术，就可以对数码照片的画质进行改善及效果处理的工具软件，能够满足大多数情况下对照片后期处理的需求。光影魔术手操作界面见图1-15。

图1-15　光影魔术手操作界面

5. 动画制作软件Flash

小张在淘宝店上看到有些商品用很多的静态图来展现宝贝的不同层面，如果用动画的形式展示出来会不会更吸引顾客的眼球呢？

随着互联网的广泛流行，Flash动画以其文件小、效果好的优点迅猛发展，它能整合文字、图片、声音、视频和应用程序组件等资源，具有强大的多媒体编辑功能，绘图和编辑图形、动画、遮罩是Flash动画设计的三大基本功能。动画是整个Flash动画设计的核心，也是Flash动画的最大优点。

第三步：基础知识与素养准备

1. 审美

审美即欣赏、品味或领会事物及艺术品的美。而在实际生活中不同的人对同一事物有自己的审美标准，但基本的评判标准都是相同的，即设计中的对比、均衡、重复、比例、近似、渐变以及节奏美、韵律美等。审美在网店美工设计上非常实用，比如同一款产品选用的模特不同会造成不同的视觉效果，见图1-16。

2. 设计

网店美工中的设计一般包含网店设计、LOGO和店招设计、商品图设计、详情页设计等内容，一般遵循"简单、方便、实用、布局

图1-16　模特图

合理"原则，但同时要兼顾专业化和艺术化的特性进行设计。比如一款香水，用设计的理念将宝贝进行不同的排列，会达到吸引消费者眼球的目的，见图1-17。

设计前　　　　　　　　　　　　设计后

图1-17　设计前后对比图

> **相关知识 》》**
>
> 《中华人民共和国电子商务法》第三十八条规定：对关系消费者生命健康的商品或者服务，电子商务平台经营者对平台内经营者的资质资格未尽到审核义务，或者对消费者未尽到安全保障义务，造成消费者损害的，依法承担相应的责任。

3．营销

什么是营销？营销就是要将产品卖给消费者，这是商家的根本目的，但需遵守相关法律法规。因此，好的美工是必须懂得营销的，用图片和文案有效传达信息，把产品推销出去。

4．文案

文案就是以文字来表现已经制定好的创意策略，它是广告内容的文字化表现。在广告设计中，文案与图片同等重要，图片具有前期的冲击力，具有吸引消费者眼球的作用，而广告文案具有较深的影响力，可以影响消费者的购买行为。在网店美工中可以根据产品的特点设计不同的促销广告，合理利用文案突出产品的卖点。一般而言，广告文案具有准确规范、简明精练、生动形象、传递清楚、新颖个性和上口易记等特点，见图1-18。

图1-18　文案图

5. 沟通

沟通从字面上理解是人与人之间、人与群体之间思想与感情的传递和反馈的过程，以求思想达成一致和感情通畅。而在网店美工中常指的沟通是美工和运营之间的沟通，运营在电商团队中往往起主导作用，统筹管理店铺，制定方向策略，关注的是如何吸引客流，如何提高成交量。而美工则是帮助运营通过视觉设计将产品信息传递给顾客的传递人。

有效的沟通能力也是美工所需要具备的基本素养。运营在美工设计之前必须将活动的目的（主题）、目标受众、项目背景、时间安排等和美工进行沟通。而美工要主动、有意识地引导整个美工设计过程，了解运营活动的图片要求，合理设计产品图片，达到活动要求的标准。

任务评价

评价项目	自我评价（20分）		教师评价（80分）	
	分　值	评　分	分　值	评　分
能举例说明常用的网店美工软件，并进行简单操作（至少2种）	10分		40分	
能对网店美工的基础知识和素养进行举例说明	10分		40分	
	自我评价小计		教师评价小计	
综合评价：				

项目总结

通过本项目的学习，学生应能熟练借助互联网查询网店美工相关信息，对网店美工有清晰的认识，能清楚美工对于网店的重要性。同时，能通过对美工岗位的信息了解从而对自身的职业发展趋势与从业要求有一定了解，培养对网店美工的感性认识与基础意识，为后继学习做铺垫。

动画微课1：
岗位认知

项目二　店铺装修基本理念

项目简介

　　本项目中，我们将了解网店图片处理、网店色彩搭配、网店布局以及网店美工的文案编辑。通过对图片来源的分析，了解基本的商品拍摄技巧，认识常用的图像处理软件并使用图像处理软件对拍摄图片进行基本处理，了解色彩的基础知识及网页的配色原则，从了解网店的基础元素着手认识网店的常用布局样式，了解文案的写作手法、写作思路等。

项目目标

- 了解网店图片来源。
- 了解网店图片的基本拍摄技巧。
- 了解常用的图像处理软件及图片后期处理知识。
- 了解色彩基本知识及网页配色原则。
- 了解网页常用的布局样式。
- 了解文案写作手法、写作思路等。

任务一　图片处理

任务介绍

　　在本任务中，我们将具体了解美工日常工作的内容，分析网店商品图片的来源，了解商品的基本拍摄技巧，认识常用的图像处理软件，并能进行简单的图像处理操作。

任务描述

　　小张在了解了网店美工基本的岗位知识之后，对于网店美工的工作非常感兴趣，决定在毕业之前尝试在淘宝网上开店，以便积累相关经验。在亲朋的帮助下，小张决定在网上售卖童装，然而在网店装修时遇到了第一个问题，就是商品的图片从何而来？该如何制作？

任务实施

第一步：寻找商品图片

小张在开淘宝店后发现同样的商品在网上会以不同的图片形式进行展示，而且好的图片颜色艳丽、制作精美，非常吸引顾客的眼球。那么这些商品的图片到底是从哪里来的呢？

小张经过学习发现网店图片的来源无外乎以下几种。

来源一：由生产厂商提供相关商品图片

现如今，网上商店的火爆场面不单赢得了一大批创业者的青睐，也越来越受到产品生产商的重视，生产商们在提供商品给分销商的同时，为了帮助分销商们进行网店售卖往往还为分销商提供拍摄好的商品图片，这些图片都由专门的摄影团队去拍摄，而且还对拍摄图做了后期的处理，使图片更美观。但以这种方式获得的图片将和其他销售商产生"撞图"现象，没有特色，无法脱颖而出。

来源二：自己拍摄制作

此种方式就是自己去拍摄商品图片，这样拍出的图片造型、角度、卖点、模特和场景都能由自己随心所欲地根据商品的特点去布置，而且随着拍摄经验的积累，拍摄图片的质量也会越来越好。

> **想一想**　各种商品图片来源方式分别适合哪些创业人群？对于具有长远创业梦想的创业者来讲，最好选用哪种图片来源方式？

第二步：了解商品基本拍摄流程

通过对比之后，小张为了积累更多网店美工的经验，决定从最基本的图片拍摄入手，学习拍摄商品的流程。

通过学习，小张了解到商品拍摄一般有以下几个流程，见图2-1。

图2-1　商品拍摄流程图

1．了解并整理商品

在拍摄商品前应尽量了解拍摄商品的特性，包括了解所拍摄的商品、包装、产品说明及商品卖点，确定整体风格，准备好拍摄道具等。最后，还要对商品进行清洁整理操作。小张需要拍摄的商品是童装，在拍摄前就需要对童装进行整理，修剪多余的线头、清除污渍、整理褶皱是必不可少的步骤。

2．制订拍摄计划

在拍摄之前应做好拍摄计划，提前想好需要拍摄的情景、角度、商品的细节图等，并做好记录，这样拍摄的时候效率会比较高，而且可减少漏拍现象。如果在拍摄时发现有好的拍摄构思，应及时记录到记录表中以便积累该商品的拍摄经验，为下次拍摄做好准备工作。

3. 布置拍摄环境

拍摄的环境大致可分为室内和室外环境，外景拍摄主要是选择风景优美的环境来作为背景，采用自然光加反光板补光的方式进行拍摄，这样拍出的照片比较容易形成独有的个性特色和营造泛商业化的购物氛围。

在室内环境中首先要选好摄影台，布置背景时尽量选用白色或者其他单色背景，之后要根据商品对光的反射特性来确定灯光位置，布置灯光可谓拍摄准备工作的重头戏，根据商品的不同，用光也会有所差异。

4. 设置相机参数

在布置好拍摄环境后要根据拍摄的环境设置相机的参数。IOS数值、白平衡设置、焦距与拍摄模式都是常见的需要调整的相机参数。

5. 拍摄商品

根据拍摄计划对商品进行拍摄，一般需要拍摄的图片有商品整体图、商品侧边图、商品45°侧面图、底面图等。此外，还需要根据商品的卖点拍摄相关细节图，最后还可以适当拍摄模特图。

第三步：学习常用的美工图像处理操作

经过认真摄影，小张得到了较满意的商品原片，但这些商品原片还不能直接上传到自己的店铺，还需要进行图片处理。正好小张在学校学习了相关的图像处理专业知识，决定使用Photoshop软件来对拍摄的图片进行处理。以下是小张常用的Photoshop基本操作。

1. 裁剪图片

打开拍摄好的图片后发现，商品周围出现了不该出现的物品，这时我们可以使用裁剪工具修改图片。

用Photoshop CS6打开需要裁剪的图片，选择裁剪工具小图标或快捷键<C>，用鼠标调整裁剪区域，按<Enter>键完成裁剪操作，见图2-2。

裁剪前　　　　　　　　　　　　裁剪中　　　　　　　　　　　　裁剪后

图2-2　裁剪图片

2. 调偏色

在商品摄影的时候如果忘记设置相机的白平衡，会使得照片拍出来的色彩偏色。如图2-3所示调色前，其照片偏黄。这时可以使用Photoshop CS6对其做后期的处理。

使用Photoshop CS6打开图片，在菜单栏中选择【图像】→【调整】→【曲线】命令，打开曲线对话框，我们知道蓝色和黄色是互补色，所以这里选择蓝色通道进行调整。如图2-4所示，用鼠标在曲线的中部将蓝色通道的曲线稍微上调至自己满意为止，如图2-5所示，可以看到照片整体的颜色不再偏黄，适当地还原了原有的色彩。调整后效果见图2-3。

调色前　　　　　　　　　　调色后

图2-3　调色前后对比

图2-4　曲线对话框

图2-5　调整曲线对话框

3. 抠图

抠图是网店图片处理中最重要的一项工作，很多淘宝的活动都要求是白色的背景图片，抠图是必须掌握的技术。

（1）使用Photoshop软件打开需要抠图的图片，执行"钢笔"工具命令，选择工具模式为"路径"，然后在商品的边缘单击鼠标并拖动，建立节点及控制柄，见图2-6。

图2-6　建立节点及控制柄

（2）在衣服的下一边缘单击鼠标并拖动，这样就产生了光滑的路径曲线，按住<Alt>键调节控制柄的方向及距离可以调节路径的曲线，分别调节路径中的两个控制点，使路径跟图像边缘尽量吻合，见图2-7。

图2-7　调节控制柄

（3）依次在衣服的边缘单击，增加节点并调整控制柄，得到非常精准的路径形状，见图2-8。

图2-8　闭合路径

（4）按<Ctrl+Enter>组合键，将路径转换为选区，按<Ctrl+Shift+I>组合键，选区反选，删除选择区域，完成抠图，见图2-9。

图2-9　抠图完成

4．添加水印

为了防止我们辛苦拍摄制作的图片被别人盗用，很多时候我们都会给图片加上特有的防伪标志——水印。

（1）使用Photoshop软件打开需要添加水印的图片，执行"文字"工具命令，写上水印的文字，并调节文字的位置、方向及大小，见图2-10。

图2-10　添加水印文字

（2）对文字图层执行"图层"→"图层样式"→"混合选项"命令，打开图层样式对话框，将常规混合中的不透明度改为55%，并选中"描边"为文字描黑边，见图2-11。至此水印的添加就完成了，效果见图2-12。

图2-11　调整图层样式

图2-12 水印效果

> **想一想**
> 在Photoshop软件中还有什么工具能完成调色、抠图的操作？

任务评价

评价项目	自我评价（20分）		教师评价（80分）	
	分 值	评 分	分 值	评 分
能归纳说明网店图片的不同来源及其优缺点	5分		20分	
能对商品进行拍摄	5分		20分	
能列举出三种以上图像处理软件	5分		20分	
能对图片进行裁剪、调色和抠图操作	5分		20分	
	自我评价小计		教师评价小计	

综合评价：

任务二　网店色彩搭配

任务介绍

本任务将从介绍色彩的构成、色彩的性格及色彩关系着手，说明色彩对网页的影响，使得读者能够识别颜色，感知颜色传达的意义，同时了解网页配色的原则。

任务描述

小张是一名电子商务专业的学生，但对如何运用色彩表现自己的网店风格一直是一知半解。在决定开淘宝店后，小张迫切地希望能运用色彩搭配知识突显自己的网店风格。那么，小张如何创作出属于自己的网店风格呢？

任务实施

第一步：认识网店颜色

小张在浏览网店的时候，发现不同的网店有各自不同的颜色，而且相同的店铺在不同时间段的颜色也不尽相同，不同颜色的网店给人的感觉是完全不一样的，为什么会出现这样的现象呢？

现象一：不同时期的网店颜色

小张想送妈妈一部手机，在网上查找之后发现网店为了迎合5月20日的"情人节"活动，将网店色彩都调成了浪漫的粉色，见图2-13。而回想几个月前春节时期，当时的大部分网店都是以喜庆的红色为主，见图2-14。

图2-13 手机网店

图2-14 坚果特产网店

传统文化链接 》》

春节，即中国农历新年，农历正月初一，是我国传统节日，也指正月初一以后的几天，俗称新春、新岁、岁旦等，口头上又称过年、过大年。

新春贺岁活动围绕祭祝祈年为中心，以除旧布新、祭祖、驱邪攘灾、祈求丰年等形式展开，内容丰富多彩，热闹喜庆，年味浓郁，凝聚着中华文明的传统文化精华。在春节期间，全国各地均有举行各种贺岁活动，如买年货、扫尘、贴对联、吃年夜饭、守岁、拜岁、拜年、舞龙舞狮、逛庙会、上灯酒、赏花灯等。春节是中华民族最隆重的传统佳节。受到中华文化的影响，世界上一些国家和地区也有庆贺新春的习俗。

现象二：不同主营类目的网店颜色

小张想为爱喝茶的爸爸买些茶叶，在网上查找之后发现茶叶的网店基本都是以绿色为主色调，见图2-15。而为小侄子购买儿童手表的网店则是以橘黄色为主色调，见图2-16。

图2-15 茶叶网店

图2-16 儿童手表网店

想一想

通过以上两种现象，请同学们想一想网店的主色调与什么有关？为什么要设置成这些颜色？

知识链接 》》

掌握一些色彩的基本常识对于设计、装修网店非常有帮助，这些常识都源自人们对色彩的理解和科学归类。其中色彩的色相、明度和饱和度与网店页面色彩的构成紧密相关，了解并掌握色彩的基础知识可以让网店设计工作事半功倍。

1. 色彩的种类

色彩按照系列可划分为无彩色和有彩色两类。无彩色是指黑色、白色和各种深浅不一的灰色。有彩色是指无彩色外带有颜色的色彩。

2. 色彩的属性——色相、明度、纯度

任何一种色彩都具有三种基本属性，它们分别是：色相、明度、纯度。

色相是指色彩的相貌，也就是色彩最显著的特征，是一种色彩区别于另一种色彩的最主要的因素。比如红色、绿色、蓝色等都代表了不同的色彩相貌。

明度即色彩的明暗、深浅变化，也叫色彩的亮度。明度越大，色彩越亮。

纯度通常是指色彩的鲜艳程度，也称为色彩的饱和度。纯度高的色彩纯且鲜亮，纯度低的色彩则比较暗淡。

3. 色彩的性格含义

社会环境中长期积累的认识、主观意向等，导致我们对色彩产生一种习惯性的心理反应，赋予了色彩不同的性格，常见的颜色性格含义见表2-1。

表2-1 颜色的性格含义

颜　色	含　义
红色	太阳、火、血、活力、健康、热情、希望、喜庆
橙色	兴奋、喜悦、活泼、华美、温和、欢喜、灯火、秋色
黄色	温和、光明、快乐、希望、金光
绿色	青春、和平、朝气、春色、自然、清新
青色	希望、坚强、庄重、青春
蓝色	清新、宁静、平静、科技、理想、独立、海洋
紫色	高贵、典型、华丽、优雅、神秘
黑色	高贵、权威、稳重、严肃
白色	纯洁、神圣、洁净、清爽、轻松
灰色	平静、稳重、诚恳、朴素

4. 色彩的关系

基本色相的秩序以色相环形式体现，称为色环。色环可分别作为六色相环、九色相环、十二色相环、二十色相环等多种色彩秩序。下面我们以十二色相环为例介绍颜色之间存在的关系。

选择其中一种颜色作为基色，每两种颜色之间间隔30°，随着角度的增大将色相划分为同类色、邻近色、对比色以及互补色四种色相关系类型，每种色相由于在色相环的角度位置不同，从而使得色相间对比差异更加明显，如图2-17所示，是以黄色为基色的色彩关系。

图2-17　色彩关系

第二步：了解网店的配色原则

小张发现网店的布局和颜色都不是一成不变的，不同的时间、不同的季节网店都会以不同的色彩去展现店面。这到底是为什么呢？

我们在浏览网店时，首先吸引我们眼球的就是色彩布局和搭配，接着我们才会去关注细节及文字内容。所以，颜色对于网店来说至关重要。而每种颜色都有其独特的性质，因此什么时候、什么类目用什么颜色成为一个网店经营成功与否的关键。因此，要把网店经营好，在颜色的搭配上必须遵守一些基本的配色原则。图2-18为某母婴网店首页图，我们将以此图为例进行分析。

图2-18　母婴网店首页

1. 主色调不超过三种

应根据网店的内容需求，选择合适的主色调。在网店的主色调使用中不要将所有的颜色都用到，尽量控制在三种色彩以内。过多的色彩，会使人产生杂乱无章的感觉。该模板为了凸显温馨风格从而选择以黄色为主色调，点缀色也以浅绿色为主。点缀色与主色调的颜色范围控制在邻近色的范畴之内，不会让人产生颜色跳跃感，从而给人以温和、快乐的感觉。

2. 与主营类目相适应

主营类目也就是我们的商品类型，我们对不同商品的认识，导致我们对不同的商品有着不一样的心理印象，与商品类型相适应的颜色则能加强我们的这种心理印象。母婴店的用品对象是婴儿,我们对婴儿总是更多一点温柔,而且婴儿代表的是一个家庭的希望,这里主色调用黄色正是因为黄色的色彩性格代表的正是温和与希望。再如,在我们的印象中喝茶是一种健康的生活习惯,所以茶叶网店都喜欢以绿色为主色调,用绿色来突出健康的特性。

3. 与目标对象相适应

目标对象即是购买该商品的顾客。网店的配色要与目标对象相适应,要去分析目标顾客的喜好。比如,母婴店中,婴儿用品基本都是由父母进行采购,这时我们就要根据父母的心理来对店铺进行颜色搭配,这时的父母心情是喜悦的,所以一般会使用浅色、暖色调的颜色营造温馨的氛围。而儿童玩具店里,虽然儿童玩具还会由父母进行选购,但很多时候父母也会去征求孩子的意见,所以网店配色还要考虑孩子的喜好,相信色彩鲜明的店铺更能吸引孩子的眼球。如图2-19所示,儿童玩具店面更多地考虑了儿童这个目标对象,从而设计成色彩鲜明的形式。

图2-19 儿童玩具网店首页

4. 与季节、活动、节日相适应

网页需根据季节、活动、节日的不同，使用不同的主色调。例如，春天和夏天我们常使用绿色；秋天则用黄色比较多；冬天会用红色或黄色等比较暖的色调；520这样的活动日子则适合用粉色；春节期间网店页面常使用红色营造喜庆的氛围。

5. 慎用过于艳丽的颜色

过于艳丽的颜色比较刺眼，人看久了会产生视觉疲劳，甚至会产生反感。过于艳丽的颜色要少用，如果一定要使用艳丽的颜色来刺激顾客眼球的话，要注意这样的颜色的面积不能过大。

6. 注意背景与文字颜色的对比

最后，还要注意图片背景与文案文字之间的颜色对比，如图2-20所示，当背景颜色是绿色，而选择同类色作为文字的颜色时，两色之间对比不明显，要看清文字比较费力；而选择对比色红色作为文字的颜色时，如图2-21所示，两色对比明显，但太刺眼，看久了会使眼睛过于疲劳。如果选取邻近色作为文字的颜色，颜色将相对缓和也很清晰，见图2-22。

| 图2-20 同类色的文字 | 图2-21 对比色的文字 | 图2-22 邻近色的文字 |

想一想：请同学们结合网店配色原则，思考如果售卖的是以职业女装为主的商品，网店应如何配色，主色调应以什么颜色为主？

任务评价

评价项目	自我评价（20分）		教师评价（80分）	
	分值	评分	分值	评分
能准确说出色彩的属性、性格以及色彩间的关系（由老师抽检）	10分		40分	
能归纳网店色彩的本色原则，并举例说明	10分		40分	
	自我评价小计		教师评价小计	
综合评价：				

任务三 网店布局

任务介绍

在本任务中，我们将分析淘宝网店首页中基本的元素，了解常见的网页布局样式，分析网页布局规划，培养网店布局意识，为后续装修网店做准备。

任务描述

淘宝店的装修是通过各模块的组合堆砌而成的,那么各个模块该如何堆砌才能抓住客户的购买心理,成了困扰小张的一个难题。

任务实施

动画微课2:
网店整体规划

第一步:认识网店结构

小张在网上寻找想买的商品时觉得有些网店的首页层次分明,在首页上就能了解商家的优惠信息、商品类目等,想找客服询问也很方便,而有的网店却杂乱无章,有时候想找客服都不知道入口在哪里,就更别说激发买家购买的欲望了,这是怎么回事呢?

要了解网店吸引买家的原因,就要先了解其基本的模块元素。在淘宝首页的布局管理中,可以通过增加模块内容达到美化店铺、突出商品展示的效果,并以此来达到吸引客户、提高销量的效果。下面以图2-23所示某天猫店铺首页图为例进行说明。

1. 店招及导航

通常店招用于展示店铺名称,能很好地展示品牌形象,也常被当作广告位进行商品的展示。导航则具有分类导航、产品搜寻等功能,可让消费者更方便快捷地了解店铺分类,精确找到所需商品。

2. 轮播图

轮播图主要用于产品形象展示、店铺活动宣传和主推商品的展示等。为了充分发挥首屏的营销效果,我们将整店的产品与活动做成图片轮播图去展示,这样就能在第一屏展示多张Banner图片。而且为了让消费者在第一屏就能将重要的信息看完整,我们要控制好图片的高度,建议将图片高度控制在400~600px。

3. 活动导航

店铺活动导航主要用于展示店铺的活动,使消费者进入店铺首页便能获取到店铺的活动信息,如案例中的优惠券能让消费者快速了解到店铺的优惠活动。

4. 主推商品展区

主推商品展区向消费者推荐本店热卖或者是优惠新品等,将其放在首页前端能很好地吸引消费者的注意,从而推销产品。

5. 客服区

客服区就像是店铺中的导购,消费者可以实时联系店铺人员,咨询商品的相关问题。

6. 产品展示区

如果前面展示的活动商品不能吸引消费者购买,那么产品展示区就给了店铺其他商品一个很好的展示平台,让消费者能有更多的选择。

7. 页尾

网店页尾可以添加消保、售后服务、7天无理由退换货、购物流程、联系方式等。

图2-23 店铺各元素模块

知识链接 》》

网店的装修布局要充分考虑顾客的视线关注范围和方向,也就是顾客的视觉流程,一般情况下顾客的视觉流程是由上至下对网店进行浏览的。根据此种视觉流程可进行竖向型的版面布局,见图2-24。

依据竖向型的视觉流程设计的画面,能产生稳定感,条理更清晰,符合人的阅读习惯,也是常见的网店布局样式之一。

另一种比较常见的网页布局样式是曲线型的版面布局。曲线型的视觉流程是指画面的设计元素按照曲线的变化进行排列,见图2-25。

图2-24 竖向型网店布局视觉流程

图2-25 曲线型网店布局视觉流程

曲线型的视觉流程将版面按照S形的曲线进行编排,产生一定的韵律感,容易让版面布局产生视觉平衡,也会让画面的视觉空间效果更加灵动,有跳跃性,从而缓解视觉疲劳。

任务评价

评价项目	自我评价(20分)		教师评价(80分)	
	分 值	评 分	分 值	评分
能举例说明淘宝网店首页的基本模块	10分		40分	
能独立完成网店布局设计	10分		40分	
	自我评价小计		教师评价小计	
综合评价:				

任务四 网店美工文案编辑

任务介绍

在本任务中,我们将学习美工文案的编辑,分析网店美工的文案写作技巧,了解商品的卖点文案写作方法。

任务描述

小张在经过几个月的网店运营之后发现,自己的商店访问量少得可怜,一些商品的点击率也惨不忍睹,百思不得其解的小张决定看看同行销量大的网店是怎么经营的。那么,小张能否发现其中奥秘呢?

任务实施

第一步:初识美工文案

运营网店一段时间后,小张发现自己制作的图片的点击率不理想,自己明明已经把商品图片处理得很漂亮,为什么还是不能吸引顾客点击呢?

小张决定去看看自己的同行是怎么设计商品主图的。经过查找,小张找到了跟自己卖同样商品的网店,发现对方与自己的主图存在一些细微的差异。比如,同样是女童牛仔裤,图2-26是自己店铺的图片,虽然该图片整体风格活泼并完美展示了商品款式,然而和图2-27相比,图2-27不但展示了商品的款式,同时简单的几句文案更说明了商品的特点"无束缚,更舒服",并且主图下面的"第2件半价"也特别醒目地宣告着本店的优惠信息,吸引着顾客的眼球。

图2-26　无文案的主图

图2-27　有文案的主图

> **想一想**
>
> 如图2-28所示两张图片,哪张更吸引消费者?为什么?
>
>
>
> 图2-28　商品主图

第二步：了解美工文案的写作方法

通过对比，小张发现了美工文案对于网店的重要性，决定学习美工文案知识，为此小张特意去咨询了在电商公司上班的表哥小李。表哥小李结合自身实际给小张讲了这样一个小故事。

> **小故事 》》**
>
> 　　小李去了一家公司做美工实习生，很快接到公司做主图的任务，做主图对于小李来说轻而易举，很快一张精美、漂亮的主图就交到了运营经理手里，见图2-29。
>
> 　　运营经理：小李，你这做的是什么啊，我们的产品卖点没有表达出来呀。
>
> 　　小李：卖点？能具体说一下吗？
>
> 　　运营经理：就是我们的产品有什么功能嘛，可以去跟产品研发部多沟通一下，而且我们使用的是顺丰快递，这也是我们的优势呀！
>
> 　　小李：嗯，明白了。
>
> 　　跟研发部沟通后，小李为自己的主图加入了相关元素（见图2-30），自信满满的小李又一次来到了运营经理办公室。

图2-29　商品主图（1）　　　　　　　图2-30　商品主图（2）

> 　　运营经理：小李，你这卖点是表达出来了，可是我总觉得怪怪的，没有亮点呀。
>
> 　　小李：怪怪的？什么亮点？
>
> 　　运营经理：去跟你带班师父聊一下吧！
>
> 　　小李：嗯，好吧。
>
> 　　满腹疑问的小李，跟自己的师父抱怨了起来。师父看完后帮忙指点了一下，小李带着再次修改好的商品主图（见图2-31）走进了运营经理的办公室，这次运营经理终于满意地点了点头。

图2-31 商品主图（3）

> **想一想**
>
> 通过案例，同学们讨论一下小李每次制作的主图的不同点，以及为什么要这样修改。

知识链接 》》

网店美工文案的写作思路

1. 标题突出

图片是简单直观的一种表达方式，这样就注定了美工文案不能像软文文案那样去铺垫，去罗列产品的卖点，它只能简洁地去表达一两个卖点而且只能表达最直观、最特别、最具有优势的商品卖点，最好能直击消费者的痛点，让消费者毫不犹豫就决定点击进来看看。所以做图片时要把握好图片的标题，而且要适当调整字体的大小以便突出标题。一般情况下可以制作主标题跟副标题，比如上面的案例里面主标题是"停电可用"，副标题是"顺丰包邮"。

2. 尽量用图片形式表达

能用图片说明的就尽量不用文字去表述，比如上面的案例中的赠品，以图片的形式展示赠品，要远比"赠送精美配件"几个文字直观得多。

3. 目标明确

图片做好是给消费者看的，美工文案写作时应该时刻提醒自己，为什么消费者会对我们的图片感兴趣？只有研究好面向的目标人群才能制作出符合该人群审美的图片，写好符合该人群口味的文案。比如售卖母婴产品的美工都喜欢将商品图片的色彩制作得温馨柔和，文案则贴合母婴角色，以适应目标人群的消费习惯。

4. 形式美观

在网络商店中，销售好的商品其图片可能不是最漂亮的，但其一定也不是最难看的。美工的文案当以图片美观为前提。

网店美工文案的练习思路

1. 总结同行文案

拿来主义总是最便捷、最轻松的学习方法，我们平时应该多去看同行的美工文案并多加总结，这是提升我们自身文案水平最快的一种方式。

2. 了解自己的产品

最大化地了解自己店铺的产品，只有充分了解产品才能挖掘出其与众不同的卖点，同时也应多跟公司的运营部门沟通，了解产品的运营方案。

3. 关注时下流行词汇

流行词汇之所以流行是因为使用的人多，这样关注这些词汇的人也就比较多，而且使用流行词汇的文案无形中就拉近了与消费者的距离，可使消费者更轻松地接受自己店铺的产品。

4. 了解平台规则

美工在平时的文案写作中应注意遵守相关的平台规则。文案在对产品进行描述时会有一定的"夸张"成分，但这种夸张绝不是虚构，更不是虚假，而是在搜罗、分析整理各种翔实信息的基础上，对宣传做适当的夸大，在一定程度上刺激消费者在心理上产生更大的需求。但一定要注意不能侵犯他人权益，不能言过其实、过度宣传，否则会违反相关的平台规则，使自己的网店受到平台的惩罚。

> **试一试**
>
> 请同学们根据所学知识，尝试给图2-32中的登山鞋添加文案，并说明你添加文案的理由。
>
> 假设该登山鞋品牌是鸿星尔克，材质主要为人造皮革、橡胶与织物，具有耐磨、防滑、透气等特性，促销方式为赠送户外水壶。

图2-32　登山鞋与赠品

知识加油站 》》　规避美工文案风险

随着市场监督的日益规范、法律法规的日益完善，尤其是《中华人民共和国广告法》的颁布实施，各大电商平台都以《中华人民共和国广告法》为标准规范平台内的广告。所以作为一名合格的网店美工必须了解《中华人民共和国广告法》，规避美工文案中存在的风险。以下列出网店美工常见的几种违反广告法的行为，以帮助读者规避网店美工文案可能出现的风险。

1. 使用极限用词

根据广告法规定不得使用"国家级""最高级""最佳"等用语。在实际操作中这样的极限用语不得出现在网店广告文案中。使用极限词语的违规商家，将被扣分，并遭到二十万元以上、一百万元以下罚款，情节严重者将被直接封店。据悉，极限用词包括以下词汇：国家级、世界级、最高级、最佳、最好、最大、最便宜、最新、最先进、首个、首选、首发、首家、绝对、独家、世界领先、顶级、顶尖、终极、销量冠军、第一（NO.1 Top1）、万能等。

2．文案中有数据，但未注明数据来源

网店美工抓住大部分人对数据比较敏感、具有从众心理的特点，往往会使用数据来吸引人们的注意，达到吸引关注的目的，比如"已售出138 008件"。这样的文案违反了《中华人民共和国广告法》中第十一条"广告使用数据、统计资料、调查结果、文摘、引用语等引证内容的，应当真实、准确，并表明出处"的规定，也就是说如果不能提供"138 008"这个数据的出处，那就是违反了相关的规定。

3．普通商品宣传医疗效果

《中华人民共和国广告法》规定，除医疗、药品、医疗器械广告外，禁止其他任何广告涉及疾病治疗功能，并不得使用医疗用语或者易将所推销的商品与药品、医疗器械相混淆的用语。例如，在对山楂饼的商品宣传中，往往会使用"健胃消食"的文案，但是由于山楂饼不属于药品，所以不得使用"健胃消食"这样的医学用语。

4．与他人商品做对比，故意贬低他人的商品

自己的产品好不好拿他人的商品比一比就知道了，这是常见的网店美工文案设计，殊不知在对比的同时或多或少就会贬低了他人的商品，这样的对比方式是不允许的。《中华人民共和国广告法》明确规定广告不得贬低其他生产经营者的商品或者服务。

任务评价

评价项目	自我评价（20分）		教师评价（80分）	
	分值	评分	分值	评分
能举例说明网店美工文案对于图片的重要性	10分		40分	
能归纳出网店美工文案写作思路	10分		40分	
	自我评价小计		教师评价小计	
综合评价：				

项目总结

本项目介绍了图片来源和拍摄技巧、常见的图片后期处理技巧、色彩的基本知识和网页配色原则、网店常见布局样式、文案的写作手法以及写作思路。网店装修没有固定的格式与方法，文案的写作方式与技巧也是日新月异。当然也有一些共性，就是要时刻提醒自己不断地去学习、去总结，广征博引、触类旁通。当一个人全身心投入做一件事的时候，往往会取得好的成绩。

项目三 产品主辅图设计

项目简介

本项目重点围绕产品主辅图的设计制作展开论述。在淘宝宝贝详情页中,最重要且最先吸引买家的就是产品的主辅图。主图展示的是产品的主要信息,辅图是对主图的补充,可以从不同的角度进一步展示产品的更多信息。不同类目的产品展示的内容也各不相同,好的宝贝主图除了要展示产品的相关信息之外,更重要的是要能够吸引顾客,让顾客产生购买行为,并能够提高买家的回头率。所以说,主图是影响流量的最大因素,同时也是除价格之外影响点击率的重要因素之一。

动画微课3:高点击率主图的分类

项目目标

- 明确主辅图的作用,掌握主辅图的设计原则。
- 能够根据产品特点,兼顾客户的意愿,灵活地选片,并使用"文字"工具辅助完成主辅图的制作。
- 培养学生独立思考、大胆创新、认真操作的学习习惯。
- 锻炼学生与客户的沟通能力,使学生学会聆听,在交流过程中既能保证遵守行业标准,又能达到客户满意的效果。

任务一 服装类主辅图制作

任务介绍

在本任务中,我们主要是对服装类网店的主辅图进行设计制作。通过主图来展示服装的穿着效果,利用基本的形状和简短的文字来对品牌、质地等相关信息加以说明。同时,通过辅图来展示服装类产品的不同颜色以及正面、背面、侧面的穿着效果,并选用白底图,以提高产品在手机端的曝光率。

任务描述

设计师通过与客户沟通了解得知,网店要为"DCODE"品牌的一款披风设计主辅图,再通过进一步交流得知客户的要求如下:①在主图中体现出产品的品牌与品质;②辅图要更全面地展示出产品的多种信息;③图片配色和谐,文字使用美观得当;④提高产品在手机端的曝光率,具体见表3-1。

表3-1 某网店"DCODE"品牌客户需求信息

项　目	客　户　反　馈
产品品牌	DCODE
受众对象	年轻女士
产品卖点	双面羊毛呢披肩，含80%澳洲羊毛
主图尺寸	800px×800px
辅图尺寸	800px×800px
是否需要白底图	是

动画微课4：靠谱的主图就要这样做

任务实施

第一步：服装主图设计思路分析

设计师在明确了客户的要求后，根据客户提供的产品素材及产品特点，依据主图的制作原则，给出以下主图设计思路：

（1）选用年轻模特，从而界定产品的受众对象。

（2）左上角黑色矩形白色文字框"DCODE专属你的感觉"，既突出了产品的品牌，又能给人一种专属于本人的感觉。

（3）右下角的文字标注"80%澳洲羊毛、双面羊毛呢"，既说明了产品的质地，在设计上又同左上角的矩形框做了呼应，且把文字设置成不同的颜色，可以使画面更加生动和谐。

（4）主图采用标准尺寸800px×800px。

第二步：主图操作实施

设计师与客户沟通设计思路后形成可行的实施方案，在征得客户同意后，具体制作过程如下：

1. 新建文档

启动Photoshop软件，选择"文件"→"新建"命令，创建一个空白文档，在弹出的"新建"对话框中，输入文件名称：主图，将文件的宽度、高度分别设置为800px，其他取默认值。

2. 导入背景素材

选择"文件"→"置入"命令，置入素材文件001，按组合键<Ctrl+T>对图片进行缩放并移动到相应的位置，完成效果见图3-1。

图3-1 主图模特效果

3.制作左侧LOGO图标

（1）置入素材文件007，按组合键<Ctrl+T>对图片进行缩放并移动到相应的位置。

（2）用"矩形"工具创建矩形选区，在图层面板为该图层添加图层蒙版，显示LOGO的合适位置和大小，完成LOGO的制作，效果见图3-2。

图3-2　完成LOGO制作后的主图效果

4.右下角品质标示

（1）新建图层，选择"椭圆"工具绘制圆形选区，填充黑色。

（2）使用"矩形"工具，按住<Alt>键，在原来圆形选区的基础上减去下半部分，形成半圆形选区，填充白色，见图3-3。

（3）在图层面板上，为该图层添加"描边"图层样式，6px，黑色，完成效果见图3-4。

图3-3　减选并填充白色　　　　　　图3-4　制作完成描边后的效果

（4）分别输入"80%""澳洲羊毛""双面羊毛呢"，并设置成不同的字体、大小及颜色，完成效果制作，见图3-5。

（5）按组合键<Ctrl+S>保存文件，并按组合键<Ctrl+Shift+S>将文件保存为JPEG格式。

图3-5 宝贝主图最终效果

> **小技巧 》 》**
>
> 白色部分选区的创建,可通过获取矩形选区与圆形选区的交集来完成,操作方法如下:
> (1)保留"圆形"选区或按住<Ctrl>键单击"圆形"所在图层的缩略图,获取圆形选区。
> (2)选择"矩形"工具,在选项栏中选择"与选区交叉"按钮。
> (3)框选部分圆形选区,即可获取。

第三步:服装辅图设计思路分析

(1)辅图是对产品的相关信息做更详尽的展示,是对主图中的未尽事宜加以补充与完善,所以辅图只需对产品的不同颜色、不同部位的穿着效果以及产品的未穿着状态做进一步展示。

(2)所提供的四幅辅图,仍然采用800px×800px大小。

(3)最后一张辅图设为白底图,是为了让顾客在淘宝首页中能够搜索到该宝贝。

第四步:辅图操作实施

设计师和客户沟通后,选取了客户提供的部分素材完成辅图设计,具体操作步骤如下:

1. **制作辅图1**

(1)新建文件辅图1,设置大小为800px×800px,其他取默认值。

(2)置入素材文件002,并按组合键<Ctrl+T>调整大小及位置。

(3)按组合键<Ctrl+S>保存文件,并按组合键<Ctrl+Shift+S>将文件保存为JPEG格式,效果见图3-6。

2. **制作辅图2**

(1)新建文件辅图2,设置大小为800px×800px,其他取默认值。

(2)置入素材文件003,并按组合键<Ctrl+T>调整大小及位置。

(3)按组合键<Ctrl+S>保存文件,并按组合键<Ctrl+Shift+S>将文件保存为JPEG格式,效果见图3-7。

图3-6　宝贝辅图1

图3-7　宝贝辅图2

3．制作辅图3

（1）新建文件辅图3,设置大小为800px×800px,其他取默认值。

（2）置入素材文件004,并利用组合键<Ctrl+T>调整大小及位置,效果见图3-8。

（3）置入素材文件005,并利用组合键<Ctrl+T>调整大小及位置,效果见图3-9。

图3-8　调整素材文件004后效果

图3-9　调整素材文件005后效果

（4）在当前图层（文件005所在图层）,创建矩形选区,添加图层蒙版,图层效果见图3-10。制作两张图片一左一右的效果,见图3-11。

图3-10　图层效果

图3-11　两张图片一左一右效果

(5)在两张图片结合处,绘制一个黑色矩形条。

(6)按组合键<Ctrl+S>保存文件,并按组合键<Ctrl+Shift+S>将文件保存为JPEG格式,效果见图3-12。

4.制作辅图4

(1)新建文件辅图4,设置大小为800px×800px,其他取默认值。

(2)置入素材文件006,调整至合适大小,并旋转至衣服摆正。

(3)使用钢笔和修复工具,去掉图中的阴影和衣架。

(4)按组合键<Ctrl+S>保存文件,并按组合键<Ctrl+Shift+S>将文件保存为JPEG格式,效果见图3-13。

图3-12 辅图3最终效果

图3-13 辅图4最终效果

举一反三

某服装网店在换季时节将推出新品上衣,为了配合新品的上市,现需制作产品主辅图。设计师与客户沟通后得到需求信息,具体见表3-2。

表3-2 某服装网店客户需求信息

项 目	客 户 反 馈
受众对象	年轻女士
产品卖点	100%纯羊绒衫女高领韩版宽松毛衣
主图尺寸	800px×800px
辅图尺寸	800px×800px
是否需要白底图	是

请根据以上客户需求信息,为该女装制作主辅图(店家提供的商品图见资源包)。

任务评价

评价项目	自我评价(20分)		教师评价(80分)	
	分 值	评 分	分 值	评 分
主辅图选片合理	10分		40分	
主辅图构图准确	10分		40分	
	自我评价小计		教师评价小计	
综合评价:				

任务二 食品类主辅图制作

任务介绍

在本任务中我们将为食品类网店设计制作主辅图。了解食品类主辅图主要从原材料、做工、外观、包装等方面展示产品的相关信息。清楚主图制作特点是以图为主，配以文字，既能通过图片展现产品的相关信息，又可通过文字，对产品有一个概括介绍。能在制作过程中通过对文字的字体、大小及图层样式的灵活运用，以及路径的绘制与编辑，来完善整个主图的设计。同时通过辅图对食品的外观、种类及原材料等方面做更清晰的展示。

任务描述

中秋将至，某食品类网店打出了"绿色"月饼的推销活动。设计师通过与客户沟通得知，该网店需要制作月饼的主辅图，本着既能继续保持品牌形象，同时还要抓住时机提高经济效益的原则，现对美工提出如下设计要求：①主图简洁大方、有品位，能够清晰地展现产品；②要突出产品的特点与卖点——"手工制作、绿色无添加"；③辅图要从多角度展示产品的种类与外观，具体见表3-3。

表3-3 某食品类网店客户需求信息

项　　目	客　户　反　馈
主图内容	图文并茂
营造气氛	营造中秋节日气氛
产品卖点	手工制作，绿色无添加
主图尺寸	800px×800px
辅图尺寸	800px×800px
是否需要白底图	否

任务实施

第一步：食品主图设计思路分析

设计师在明确了客户的要求后，根据客户提供的产品素材及产品特点，依据主图的制作原则，给出以下主图设计思路：

（1）图片居中，以体现其主体地位；为了清晰地展示产品所使用的食材，最好使用掰开的月饼。

（2）为了传递了"新鲜、绿色"的理念，可放置绿叶作为衬托。

（3）根据产品的品质和特点，可采用深色背景，既与月饼属于同一色调，又体现出一种高端的品质，达到了品牌宣传的效果。

（4）根据要求，使用"浓情中秋"四个白色字，大小不同，再配以"月亮"形状等曲线，既突出了作品的主题，又形成了鲜明的对比，更显灵动。

（5）"美味挡不住"使用了活泼的小字体，以红色圆做背景，既给人以喜庆的感觉，又使整体布局错落有致，主次分明。

（6）"无添加无防腐，纯手工制作"，既体现了产品的卖点，又使整个画面更加丰满，不张扬的虚线框更能凸显出文字本身的内容，让人不能忽略。

第二步：主图操作实施

设计师在与客户沟通设计思路后形成主图，征得客户同意后，着手主图的制作，具体制作过程如下：

1. 安装"华康字体包"

将下载的"华康字体包"中的文件复制并粘贴到"C:\Windows\Fonts"目录下。

2. 新建文档

启动Photoshop软件，选择"文件"→"新建"命令，创建一个空白文档，在弹出的"新建"对话框中，输入文件名称——主图，将文件的宽度、高度分别设置为800px，其他取默认值。

3. 制作背景

（1）新建图层，填充径向渐变，左右滑块颜色分别设为：#a05a1e，#060201；填充效果见图3-14。

图3-14　渐变填充效果

传统文化链接 》》

中秋节，又称仲秋节、团圆节等，是我国仅次于春节的第二大传统节日，已经被列入我国非物质文化遗产。中秋节自古便有祭月、赏月、拜月、吃月饼、赏桂花、饮桂花酒等习俗，流传至今，经久不息。

同时，作为民族文化展现最丰富的传统节日之一，中秋节有着独特的文化内涵，它象征着亲人团圆、社会和谐、感恩自然和家国情怀，是中国人民的伟大创举，是中华民族渴望统一、团结的历史见证，更是海内外中华儿女认同、沟通、凝聚和发展的精神动力，在中国人的生活中占有极其重要的地位。

小贴士 » »

相同的渐变设置，拖动的长度、角度不同，都会影响最终的渐变效果。

（2）为当前图层设置"添加杂色"滤镜效果，数量为14.21%、平均分布、单色。具体参数见图3-15。

（3）设置"动感模糊"滤镜效果，角度90°，距离30px。具体参数见图3-16。

图3-15　添加杂色

图3-16　动感模糊

小技巧 » »

滤镜是Photoshop中功能最丰富、效果最独特的工具之一，为图层添加渐变填充后，再与杂色、模糊等多种滤镜结合使用，可以做出不同的背景效果。

（4）将当前图层上移至约100px处，再通过加深、减淡工具对明暗处分别加以调整，效果见图3-17。

（5）选择"直线"工具绘制直线，黑色填充，无描边，宽度为1px，并通过复制、排列与对齐等操作，完成图3-18效果。

图3-17　加深、减淡后的效果

图3-18　绘制直线后的效果

（6）设置线条所在图层的混合模式为柔光，不透明度为30%，完成线条与背景的混合。图层设置见图3-19，效果见图3-20。

图3-19 混合模式及不透明度设置

图3-20 设置混合模式及不透明度后的效果

> **小贴士**
>
> 利用加深工具对图像的某一部分进行涂抹，可以使被涂抹区域的亮度降低，图像变暗，减淡工具则相反。
>
> Photoshop软件提供了许多可以直接应用于图层的混合模式，此模式决定图像中位于上面的图层像素如何与其下面的图层像素进行混合，以创建各种特殊效果。"柔光"模式则根据上层图像是否比50%的灰色亮而使图像变亮或变暗，这里的图像变亮。

4．添加图片

打开素材文件001，将之复制到当前文件中，并调整至合适的大小，通过钢笔抠图，完成效果见图3-21。

图3-21 添加图片后的效果

5．"浓情中秋"制作

（1）依次输入文字"浓情中秋"，设为华康宋体，倾斜，白色：#FFFFFF，浑厚，四个字的大小分别设为90点、73点、98点、90点。

（2）分别为文字添加相同的投影效果，设置混合模式为"正片叠底"，不透明度

75%，角度90°，使用全局光，距离和大小为5px，其他取默认值。

> **小贴士》》**
>
> "浑厚"是消除文字的边缘锯齿的一种方法。消除锯齿的方法有五个选项，分别为"无"（不消除锯齿）、"锐利"（使文字边缘锐化）、"犀利"（消除锯齿，使文字边缘清晰）、"浑厚"（消除锯齿，文本变粗）和"平滑"（消除锯齿，产生平滑的效果）。
>
> 使用图层的样式，可以方便地在图层上制作出阴影、发光、浮雕及描边等各种效果，通过拷贝图层样式，可以为多个图层设置相同的样式效果，方便操作。

6．修饰曲线的绘制

（1）利用"钢笔"工具绘制月亮形状的路径后，转换为选区，新建图层，填充黄色：#FFF67F。

（2）同理，用"钢笔"工具绘制其他路径，转换为选区，新建图层，填充白色，效果见图3-22。

图3-22　曲线形状绘制效果图

> **小技巧》》**
>
> 对于月亮，还可以绘制两个大小不同的圆形选区，通过选区相减的方法得到所要的效果；通过绘制路径转换为选区后再填充颜色，可以帮助我们完成不规则图形的绘制。对于螺旋状曲线形状的绘制，还可以使用旋转扭曲滤镜来辅助完成。

7．"美味挡不住"制作

（1）新建图层，绘制圆形选区，尺寸为40px×40px，填充红色：#e00414。

（2）通过复制、排列与对齐等操作，完成整体效果，见图3-23。

（3）输入文字"美味挡不住"，设为华康少女文字W5体、36点、白色、平滑、调整字间距为150，整体效果见图3-24。

图3-23　红色圆绘制效果图

图3-24　"美味挡不住"效果图

8. "无添加无防腐,纯手工制作"制作

(1)选择"直排文字"工具,输入文字"无添加无防腐,纯手工制作",设为华康黑体、39点、黑色、平滑、仿粗体。

(2)为文字添加渐变叠加效果,角度为0°,其他参数取默认值,渐变编辑器参数设置见图3-25;各个渐变滑块的颜色自左向右分别为:#c3b791、#bca644、#ece9c8、#cdc489、dbd7aa。

(3)使用"矩形"工具绕文字绘制矩形路径,大小为120px×330px,输入路径文字"——————……",设为华康少女、12点,颜色为#fb9504,效果见图3-26。

图3-25 "渐变叠加"参数

图3-26 文字加边框效果

小技巧 》》

绘制路径后再输入路径文字,可以使文字按照路径排列,得到一些特殊的效果。

(4)制作完成,效果见图3-27。按组合键<Ctrl+S>保存文件,并按组合键<Ctrl+Shift+S>将文件保存为JPEG格式。

图3-27 宝贝主图

第三步：辅图设计思路分析

（1）辅图是对产品的相关信息做更详尽的展示，主要是对月饼的外观、种类及原材料等方面进行更清晰的展示。

（2）所提供的四幅辅图，仍然采用800px×800px大小。

（3）为了和主图相呼应，辅图的背景色也采用偏暗的色调。

第四步：辅图操作实施

设计师与客户沟通设计思路后形成可行的效果图，以下为操作步骤。

1．制作辅图1

（1）新建文件辅图1，设置大小为800px×800px，其他取默认值。

（2）置入素材文件002，并调整至合适的大小及位置。

（3）按组合键<Ctrl+S>保存文件，并按组合键<Ctrl+Shift+S>将文件保存为JPEG格式，效果见图3-28。

图3-28　宝贝辅图1

2．制作辅图2

（1）新建文件辅图2，设置大小为800px×800px，其他取默认值。

（2）置入素材文件003，并调整至合适大小及位置。

（3）在当前图层下新建图层，填充线性渐变，滑块颜色分别选取所置入图形的上、下边缘的颜色：#161614、#48494d。

（4）为渐变填充图层设置"添加杂色"滤镜，数量2.45%、平均分布、单色，见图3-29。

（5）调整置入对象的大小至合适位置，通过图层蒙版处理图片边缘，图层效果见图3-30。

（6）按组合键<Ctrl+S>保存文件，并按组合键<Ctrl+Shift+S>将文件保存为JPEG格式，效果见图3-31。

图3-29 杂色滤镜参数设置

图3-30 蒙版图层效果

图3-31 宝贝辅图2

3．制作辅图3

（1）新建文件辅图3，设置大小为800px×800px，其他取默认值。

（2）置入素材文件004，并调整至合适大小及位置。

（3）在当前图层下新建图层，填充线性渐变，滑块颜色分别选取所置入图形的上、下边缘的颜色：#161614、#48494d。

（4）为渐变填充图层设置"添加杂色"滤镜，数量2.45%、平均分布、单色。

（5）调整置入对象的大小至合适位置，通过图层蒙版处理图片边缘。

（6）按组合键<Ctrl+S>保存文件，并按组合键<Ctrl+Shift+S>将文件保存为JPEG格式，效果见图3-32。

4．制作辅图4

（1）新建文件辅图4，设置大小为800px×800px，其他取默认值。

（2）置入素材文件005，并调整至合适的大小及位置。

（3）按组合键<Ctrl+S>保存文件，并按组合键<Ctrl+Shift+S>将文件保存为JPEG格式，效果见图3-33。

图3-32　宝贝辅图3

图3-33　宝贝辅图4

举一反三

某食品网店推出新款瓜子，为了配合新品的上市，现需制作产品主辅图。设计师与客户沟通后得到需求信息，具体见表3-4。

表3-4　某食品网店客户需求信息

项　目	客　户　反　馈
主图内容	展示瓜子包装及瓜子颗粒
营造气氛	休闲小食，送礼佳品
产品卖点	颗颗饱满，粒粒醇香
主图尺寸	800px×800px
辅图尺寸	800px×800px
是否需要白底图	否

请根据以上客户需求信息，为该瓜子制作主辅图（店家提供的商品图见资源包）。

任务评价

评价项目	自我评价（20分）		教师评价（80分）	
	分　值	评　分	分　值	评　分
主辅图选片合理	4分		16分	
主辅图构图准确	4分		16分	
主图造型准确、美观	4分		16分	
主图配色得当	4分		16分	
工具使用正确	4分		16分	
	自我评价小计		教师评价小计	
综合评价：				

项目总结

  宝贝主辅图通常都设计为正方形，主图尺寸为800px×800px，且大小不能超过3MB；700px×700px以上的图片上传后宝贝详情页会自动提供放大镜功能。

  另外，如果想让宝贝出现在手机淘宝的首页，以获取更大的曝光率，就需要将上传的最后一张辅图设为白底图。在淘宝店铺上传高清正面商品主图后，系统可快速智能识别及填充商品信息，帮您智能选择发布类目，自动生成白底图。

项目四 LOGO设计

项目简介

本项目重点围绕网店的LOGO（标志）制作展开学习。LOGO是公司企业和品牌的形象标识，对于网店来说尤为重要。网上的品牌和店铺林林总总，如果想要给顾客留下深刻印象，就必须在LOGO的设计上下点功夫，使LOGO的视觉形象具有一定特点，通俗点说就是"好看""不太一样""有点意思"。通常设计师都会借用现有的素材和条件，在此基础上做一些改进和变化，就可以创建一个简单、实用的LOGO。

项目目标

- 能读懂客户需求信息。
- 能根据客户需求信息进行LOGO的造型设计。
- 能使用现有字体改造成LOGO。
- 能使用"路径"工具和"形状"工具绘制LOGO矢量图。

任务一 服装网店LOGO设计

任务介绍

本任务是为一家经营知性女装的网店制作一个LOGO，通过在现有字体的基础上对字体图形加以改进和变化，最终形成造型新颖的LOGO。在任务制作过程中主要了解形状绘制工具和形状编辑的方法，了解"钢笔"工具中各个编辑工具的结合使用对形状起到的优化作用。

任务描述

"俪人装"服装网店即将开店营业，为了能够迅速传播品牌、树立品牌形象，现需制作网店LOGO。设计师与客户沟通后得到以下需求信息，见表4-1。

表4-1 "俪人装"客户需求信息

项 目	客 户 反 馈
消费人群	25~40岁女性
服装风格	知性、端庄
整体效果	简洁明了，易记易懂
配色	知性而不失女性特征
尺寸与质量	宽高在1000px以上，矢量绘制

任务实施

动画微课5：LOGO的作用与案例赏析

LOGO的表现形式多种多样，在造型方面主要有纯文字LOGO（中文或英文）、纯图形LOGO和图文结合LOGO三种类型（见图4-1）；在配色方面一般选一个主色，一个点睛色，一个或者多个辅色，在设计的时候，要根据网店（公司或企业）的特点及使用者的要求来构思造型和配色。

图4-1 网店LOGO

第一步：设计思路分析

设计师针对客户反馈信息表进行设计思路分析：

（1）LOGO整体效果要求简洁明了、易记易懂，因此直接采用中文"俪人装"品牌名称，通俗易懂。

（2）为了强化识别和记忆因素，采用双层上下构图，上层为主形，是LOGO的主要视觉识别区，下层为辅形，用意是中文和英文搭配以便辅助识别，这样整体就更容易记忆。

（3）根据配色要符合知性女装特点的要求，选择黑色为主色，体现知性的端庄感，并利用字体中"点"的笔画变形，配以紫色，既显高贵又不失女性俏皮。

（4）选择"造字工房悦黑体验版"为LOGO主形的字体，该字体笔画纤细而优雅，风格明显，具备女装的特点，也符合LOGO个性化的基本要求。

（5）主形文字通过笔画变形并连接在一起，体现灵动及女性的柔美感，也体现LOGO的整体感。

（6）根据尺寸要求，以及其他宣传用途，画布尺寸设置为宽2480px，高1300px，并且使用"矢量"工具绘制以得到高质量的绘图效果，以方便后期修改。

知识加油站 》》

动画微课6：LOGO设计要点

服装品牌有很多类别，一般会根据性别、年龄、风格来分类。女装LOGO造型偏向纤细、柔和、圆润，线条和轮廓多用流线型，色彩搭配多为粉色、紫色、红色等偏温馨的暖色调；男装LOGO造型偏向硬朗、粗犷、直爽，线条和轮廓多用直线或切角造型，色彩搭配多为深色、蓝色、棕色等比较成熟、稳重的色调；儿童服装LOGO造型偏向卡通和可爱，轮廓平滑，一般采用饱和度高的多种色彩搭配。

试一试

请根据女装网店LOGO制作的基本原则，从以下字体中选择一个最适合的，并说明理由。

第二步：操作实施

设计师与客户沟通设计思路后形成可行的实施方案，以下为操作步骤。

1. 安装字体"造字工房悦黑体验版"

将字体文件"RTWSYueGoTrial-Regular"复制并粘贴到"C:\Windows\Fonts"文件夹目录下。

> **小贴士 》》**
>
> 汉字起源于象形文字，所以文字本身就是图形，而字体就是风格各异的图形。"造字工房悦黑体验版"字体笔画纤细而优雅，符合女性特征和LOGO个性化的基本要求。

2. 新建文档

启动Photoshop软件，单击"文件"→"新建"，创建一个空白文档，在弹出的参数设置对话框中，将宽高的单位设置为px，设置宽为2480，高为1300。

3. 创建文字

使用"文字"工具在文档中创建"俪人装"字样，选中文字，并在字符和段落面板中设置字体为"造字工房悦黑体验版"，文字大小为630点，字距为-90，见图4-2。

4. 将文字转换为形状

在图层面板的"俪人装"文字图层空白处单击鼠标右键，在弹出的选项中选择"转换为形状"选项，见图4-3。

图4-2 调整文字格式

图4-3 将文字转换为形状

> **小技巧 》》**
>
> 文字本身可以等比缩放大小、调整字距等，但不能被编辑形状。只有转换为形状，变为普通图形才能编辑轮廓，做更多的形状变化。

5. 连接"俪"字的部分笔画

（1）使用"钢笔"工具中的"删除锚点"工具依次单击删除多余的锚点，见图4-4。

图4-4 删除多余的锚点

操作贴士 》》

"钢笔"工具列表共有5个不同操作的工具,分别是"钢笔"工具、"自由钢笔"工具、"添加锚点"工具、"删除锚点"工具和"转换点"工具。除了"自由钢笔"工具要求按住鼠标左键并描绘路径操作之外,其他工具可分为单击鼠标左键和按住鼠标左键并拖曳操作,按住鼠标左键拖曳一般会得到平滑的弧线效果,单击左键一般会得到直线、尖角的效果。

(2)使用"转换点"工具单击两个圆角点,将其转为直角点,见图4-5。

图4-5 用"转换点"工具将圆角点转为直角点

(3)在"视图"菜单中选中"标尺",从横向标尺中按住鼠标左键拖曳辅助线到"俪"字底端,见图4-6。

(4)使用"直接选择"工具选中两个悬空的锚点,同时按住<shift>键往下移动到辅助线处,见图4-7。

(5)新建图层"矩形1",使用"矩形"工具在笔画之间从左下角往右上角拖曳,绘制出一个高为1.48cm的小矩形,见图4-8。

图4-6 利用横向标尺添加辅助线　　图4-7 将锚点移动到辅助线　　图4-8 绘制矩形

(6)在图层面板中,按住<Ctrl>键选中"矩形1"和"俪人装"两个图层,然后在图层空白处单击鼠标右键,在弹出的选项中选择"合并形状",并在状态栏中的"路径操作"选项中选择"合并形状组件",见图4-9。

图4-9 合并两个图层的形状

> **小贴士** »»
> 合并形状并且合并形状组件才能将两个形状无缝地合为一体，并同时编辑形状和填色。

（7）使用"添加锚点"工具在相应位置添加锚点，见图4-10。

图4-10 添加相应锚点

（8）使用"删除锚点"工具将直角点删除，再结合"直接选择"工具和"转换点"工具调整圆角的弧度，见图4-11。

图4-11 删除直角锚点并调整圆角弧度

6. 将"俪人装"三个字的笔画连接起来

（1）使用"删除锚点"工具将"俪"字部分锚点删除，并用"转换点"工具将圆角锚点转为直角锚点，最后使用"直接选择"工具调整锚点，见图4-12。

图4-12 调整锚点

（2）新建图层，在新图层中使用"钢笔"工具在"俪"字和"人"字之间绘制一个闭合的形状，见图4-13。

图4-13 绘制闭合形状

（3）在图层面板选中"矩形1"和"形状1"，使用"5（6）"步骤的方法，将两个图层的形状合并。

（4）使用"删除锚点"工具删除多余锚点，并将"人"字的一撇笔画调整成自然平滑状态，见图4-14。

图4-14 调整锚点弧度

（5）使用相同的方法将"人"字和"装"字笔画连接起来，见图4-15。

（6）使用"转换点"工具在锚点上拖曳鼠标左键，将直角锚点转为圆角锚点，并使用"直接选择"工具调整点的高低位置，效果见图4-16。

图4-15 使用"锚点"工具将笔画连接　　图4-16 使用"转换点"工具调整锚点位置

> **触类旁通** 》》
>
> 　　使用步骤6（2）~（4）的方法，可以得到同类效果。绘制形状、合并形状和锚点编辑是本案例多次使用的方法，要充分理解这样做的目的，反复熟练操作，以做到触类旁通。

7. 将"装"字部分笔画做变形调整

（1）将"装"字部分锚点删除，见图4-17。

图4-17 删除锚点

（2）调整点的位置，然后将直角锚点转为圆角锚点，同时调整弧度，见图4-18。

图4-18 转换锚点，并调整弧度

8. 添加彩色圆点

（1）使用"删除锚点"工具将部分锚点删除，效果见图4-19。

（2）选中"椭圆"工具，设置颜色为紫红色（R：106，G：0，B：82），在"俪"字空隙中间处创建一个半径为3.25cm的正圆形，见图4-20。

图4-19　删除部分锚点

图4-20　绘制正圆形

> **小技巧》》**
>
> 在日常生活中，色彩与心理暗示是息息相关的，在广告设计中更是如此。紫色系列象征着温馨、柔美、优雅，是表现女性的常用色彩，而深紫色在柔美、优雅之余，还代表稳重、知性，符合该任务的要求。

（3）在图层面板选中"椭圆1"图层并复制，然后使用"移动"工具将复制出来的椭圆图形移到"俪"字空白处，以同样方法将圆形复制到"装"字空白处，效果见图4-21。

图4-21　复制椭圆图层

9. 添加图形和文字

（1）使用"矩形"工具在文字下方绘制矩形，然后在属性栏设置W：1720px，H：16px，接着用"移动"工具使其对齐文字，见图4-22。

（2）选中"文字"工具，先在属性栏设置字体为黑体，字号为180点，然后在黑色横线下面输入文字"俪人装·Beauty Dress"，确认文字被选中，调整字距为-25，然后与横线居中对齐，最终效果见图4-23。

图4-22　绘制矩形

图4-23　输入文字

举一反三

"尚美女装"网店现需制作LOGO。设计师与客户沟通后得到以下需求信息，见表4-2。

表4-2 "尚美女装"网店客户需求信息

项　　目	客　户　反　馈
消费人群	20~40岁女性
服装风格	时尚、端庄
整体效果	能结合字体结构和女性优雅形象进行设计
配色	时尚、简洁
尺寸与质量	宽、高在1000px以上，矢量绘制

请根据以上客户需求信息，为该网店制作LOGO，效果见图4-24。

图4-24　尚美女装服饰LOGO

任务评价

评价项目	自我评价（20分）		教师评价（80分）	
	分　值	评　　分	分　值	评　　分
LOGO的造型	5分		20分	
LOGO风格特点	4分		16分	
针对客户要求进行设计	4分		16分	
颜色搭配	4分		16分	
LOGO完成度	3分（未完成计0分）		12分（未完成计0分）	
	自我评价小计		教师评价小计	
综合评价：				

任务二　食品类网店LOGO设计

任务介绍

本任务是为食品类网店制作LOGO，了解如何在原有字体的基本形上对字体图形做改变，运用大小统一的镂空图形进行装饰，突出食品LOGO的趣味性，最终形成造型新颖、趣味性强的食品LOGO。在制作过程中主要会用到"形状"工具和排版技巧。

任务描述

"百草味"是一个食品类目品牌，为了提升品牌知名度，现需制作食品LOGO。设计师与客户沟通后得到需求信息,见表4-3。

表4-3 "百草味"客户需求信息

项　　目	客　户　反　馈
消费人群	18～30岁青年
产品定位	休闲零食
制作要求	有趣、可爱
LOGO色彩	中国红
LOGO尺寸	宽为1000px,高为1000px
LOGO文案	百草味,Be&cheery

任务实施

第一步:设计思路分析

设计师针对客户反馈的信息进行设计思路分析:

(1)LOGO的设计应简洁明了,因此,在中文字体基础上进行变形,方便记忆。

(2)根据消费人群及零食的风格特点,LOGO的色彩应明快易识别,因此采用了中国红主色调。

(3)为了满足应用效果和清晰度,LOGO尺寸的宽和高建议在1000px以上。

(4)用圆形代替横竖笔画,可体现零食类产品的童趣,增强消费者的好奇心。

知识加油站 》》

食品类目品牌有很多类别,一般会将食品LOGO的色彩赋予灵动鲜艳、食之美味的联觉来进行设计,造型多偏向童趣,色彩搭配多为枚红色、大红色、橙色等色彩饱和度高的暖色调。

试一试

请根据食品类目LOGO制作的基本原则,从下面所示的字体中选择一个你认为最适合的字体,并写出理由。

百草味　百草味　百草味

第二步:操作实施

1. 安装字体

将字体文件"方正大黑粗简"及"Microsoft Sans Serif"复制并粘贴到"C:\Windows\Fonts"文件目录下。

小技巧 》》

在食品类LOGO的字体选择上,一般选择粗细均匀的黑体可识别性更强,且较易进行变形设计。

2. 新建文档

启动Photoshop软件,单击"文件"菜单,选中"新建",创建一个空白画布,在弹出的参数设置对话框中,将宽、高的单位设置为px,宽为1000,高为1000。

3. 创建文字

使用"文字"工具在文档中创建"百草味"字样,选中文字,设置适当的文字大小,设置字体格式为方正兰亭特黑简体。

4. 填充色彩颜色

前景色设置为RGB(237,34,82),按组合键<Alt+Del>进行填充,见图4-25。

5. 将文字转换为形状

在图层面板的"百草味"文字图层单击鼠标右键,在弹出的选项中单击"转换为形状"选项完成转换。

图4-25 填充字体颜色

6. 调整字体比例

(1)添加辅助线,拉长字体的整体比例,并添加文字水平及垂直方向的对齐辅助线,见图4-26。

图4-26 删除多余的锚点

(2)绘制红色镂空小圆形。先绘制红色圆形,再选择工具栏选项中的"减去顶层形状",绘制镂空小圆,见图4-27。

图4-27 绘制红色镂空小圆

(3)将红色镂空小圆放置在百字上,用"转换点"工具将"百"字"白"字部分改为圆形,见图4-28。

图4-28 调整"百"字

（4）以同样的方法，将红色镂空小圆放置在"草"字上，用镂空圆形覆盖"草"字中间的"曰"字，再根据"草"字整体的比例，调整红色镂空小圆的大小，将"艹"字头底部改为沿"曰"边缘平行的弧线，见图4-29。

图4-29 调整"草"字

（5）用"转换点"工具将"味"字左半部分的"口"字删除，添加刚刚画好的空心圆，见图4-30。

图4-30 调整"味"字（1）

> **知识链接** »»
>
> 选择"路径选择"工具，按住左键不放，按区域框选锚点，可同时选择多个锚点进行删除或编辑。

（6）使用"转换点"工具将"味"字右边的两条短直线对齐，删除左撇右捺，见图4-31。

图4-31 调整"味"字（2）

（7）绘制与"未"字笔画相同粗细的短直线，添加在"未"字撇和捺的位置，并用"转换点"工具调整锚点位置，见图4-32。

7. 整体形状调整

（1）拉长字体高度，调整字距，使得字体更紧凑统一，用"矩形"工具绘制百字横线，将横线覆盖"艹"字头横线笔

图4-32 调整"味"字（3）

画，使得"百"字和"草"字大小、比例相等，见图4-33。

图4-33　调整整体形状

（2）调整英文字体"Be&Cheery"的字距宽度，在字符面板中选择加粗效果，对其字距及字号大小也进行调整，见图4-34。

图4-34　调整字距及字号大小

（3）最终完成效果见图4-35。

图4-35　最终完成效果

触类旁通 》》

使用以上七个步骤和方法，对字体的形状、锚点进行编辑，添加辅助线，对字距进行调整，反复操作练习，达到触类旁通。

操作贴士 》》

使用辅助线，反复对字体的横线竖线、字体的字距行距进行对比，观察字体的整体结构和比例是否美观，随时进行调整。

举一反三

Dole（都乐）旗舰店经营产品为进口食品和水果，依据它经营的产品特点制作Dole旗舰店的LOGO。设计师与客户沟通后得到需求信息，见表4-4。

表4-4　Dole旗舰店客户需求信息

项　目	客　户　反　馈
消费人群	普通家庭与个人
食品特点	有机、安全
关键信息	新鲜、品质
配色要求	简洁、醒目
LOGO尺寸	宽为1000px，高为1000px
广告文案	自然新鲜、品质生活

请根据以上客户需求信息，为该网店制作LOGO。

任务评价

评价项目	自我评价（20分）		教师评价（80分）	
	分　值	评　分	分　值	评　分
LOGO的设计能满足企业要求，体现产品特征	6分		30分	
LOGO构图新颖、独特	5分		20分	
LOGO色彩搭配协调	5分		18分	
细节处理流畅	4分		12分	
	自我评价小计		教师评价小计	

综合评价：

项目总结

对于网店而言，好的LOGO不仅代表着店铺的风格及产品的特性，同时还发挥着宣传的作用。在制作的过程中，应注意以下原则：

（1）注意店标的尺寸，淘宝网建议店标尺寸为100px×100px，但在实际中可根据网店特性进行设计。

（2）店标的设计一定要体现目标人群的喜好。主题可以通过花、鸟、人物、已有字体、卡通漫画等来表现。

（3）颜色搭配要符合网店经营的项目或宝贝特征。

项目五　店招及导航栏设计与制作

项目简介

本项目重点围绕网店的店招及导航栏设计展开学习。店招就是店铺的招牌,也是网店的品牌定位最直观的体现,是店铺给人的第一印象,鲜明而有特色的店招不仅能吸引用户的眼球,带来订单,而且能起到品牌宣传的作用。店招在设计的时候必须注意做到核心信息告知,引起并放大消费者的购物欲望。本项目主要学习网店店招及导航栏的制作方法及设计技巧等内容。

项目目标

- 能读懂客户反馈信息。
- 学会常见网店店招模板设计。
- 能根据客户需求信息进行店招及导航栏设计。
- 能使用"文字""形状""通道"和"蒙版"等工具制作店招及导航栏。

任务一　服装类网店店招及导航栏设计与制作

任务介绍

本任务是为一家经营知性女装的网店设计店招及导航栏。通过利用合理的颜色搭配及构图技巧给消费者良好的第一印象,吸引顾客的眼球,同时在设计制作过程中需要充分考虑店铺的整体装修情况及产品的特点,结合店铺核心信息,丰富画面,增添细节,激发消费者的购买欲望。

任务描述

"俪人装"服装网店即将迎来夏季促销活动,现要求为其网店设计符合活动主题的店招。要求:①突出店铺品牌特色及活动信息;②配色符合优雅、浪漫的女装特点;③布局简洁大方,要与整个页面的风格、色彩统一。同时,设计师与客户沟通后得到一些具体需求信息,见表5-1。

表5-1 "俩人装"服装网店客户需求信息

项　　目	客　户　反　馈
消费人群	25～35岁女青年
服装风格	柔和、优雅、浪漫
关键信息	新品、特价、59元起
广告版面	突出产品和关键信息
店招尺寸	宽为950px，高为120px
导航栏尺寸	宽为950px，高为30px
文案	简短，能激发购买欲望

任务实施

网店店招应包含店铺名、店铺LOGO、店铺收藏按钮、关注按钮、促销产品、优惠券、活动信息/时间/倒计时、搜索框、店铺公告、网址等内容。可根据网店的具体情况进行内容设计安排，做到核心信息告知，激发买家的购买欲望。

动画微课7：
店招设计

导航栏可以方便卖家从一个页面跳转到另一个页面，查看店铺的各类商品及信息，见图5-1。因此，有条理的导航栏能够保证更多页面被访问，使店铺中更多的商品信息、活动信息被买家发现。尤其是买家从宝贝详情进入到其他页面时，如果缺乏导航栏的指引，将极大影响店铺转化率。

图5-1　网店店招

第一步：设计思路分析

设计师针对客户需求信息进行设计思路分析：

（1）网店店招应以网店品牌为主，结合店铺的经营类目、店铺活动信息及总体特色等几个方面进行设计，体现简约但不简单的风格，给顾客留下深刻的品牌印象，激发顾客的购买欲望。店招与导航栏模块布局见图5-2。

图5-2　店招与导航栏模块布局

（2）整体构图以文字搭配图像，背景选取柔和优雅的鲜花图案为装饰，并根据配色应符合优雅、浪漫的女装特点的要求，字体选择白色、紫色为主色，以体现知性的稳重感，同时用红色突出活动信息，激发买家购买欲望。

（3）清晰明了的导航栏，会把流量合理地分配给主推的页面或商品页面，引导用户找到合适的产品。

（4）新品、特价力度是消费的关注点，因此在店招中应加入这些文案。

> **知识加油站** 》》 **店招有哪些方面的价值**
>
> （1）店招是整店的黄金展示位，是店铺给予买家的第一印象。
>
> （2）核心信息告知。把店铺的优势呈现出来，比如价格优势、服务优势、商品优势、促销活动，也可以是店招推单品、推各个专区等。
>
> （3）激发买家的购物欲望。

试一试　依据"俪人装"网店的品牌形象定位及消费人群特点，看图5-3中哪个特案作为店招的装饰素材更合适，并说出理由。

图5-3　店招装饰素材选择

第二步：操作实施

设计师与客户沟通设计思路后形成可行的实施方案，以下为操作步骤。

1. 网店店招的设计

（1）启动Photoshop CS6，新建一个950px×150px的空白文档，名称为"服装网店及店招"，背景填充白色，调出标尺并新建及锁定参考线在水平120px的位置，见图5-4。

图5-4　新建文件及参考线

（2）打开"网店服装LOGO.jpg"及"装饰1"素材图像文件，将其移动到图像上，对图像进行调整，效果见图5-5。

图5-5　店招背景制作

（3）新建图层，使用工具箱中的"矩形"工具，绘制矩形选区，并填充颜色：#510228，选择"文字"工具，输入文字，效果见图5-6。

图5-6　制作店铺活动

（4）新建图层，使用工具箱中的"圆角矩形"工具，绘制如图5-7所示图形选区，填充颜色：#99171d，效果见图5-7。

图5-7　添加关注效果

2. 网店导航的设计

（1）新建图层，根据参考线，绘制一个矩形选区，填充颜色：#d4bcd6，选用"椭圆"工具按住<shift>键，绘制正圆，输入文字，效果见图5-8。

图5-8　导航栏

（2）新建图层绘制矩形选区，并填充颜色：#96539a，使用"文字"工具输入文字，绘制正圆，效果见图5-9。

图5-9　店招及导航效果图

举一反三

"彼岸花"是一家知名的服装网店,主营各种时尚女装,款式新颖时尚、价格也实惠。现在公司想为自己的网店制作一个精美大方的店招,让进店的用户能第一时间留下好的印象并即时了解店里的相关优惠促销活动信息。客户具体要求见表5-2。

表5-2 "彼岸花"服装网店客户需求信息

项　目	客　户　反　馈
消费人群	25~35岁女青年
服装风格	时尚、干练
关键信息	买2得3,秋冬新风尚活动时间8月27~28日;系列新品8月27日尝鲜价79元起
广告版面	突出店标和关键信息
店招尺寸	宽为950px,高为120px
导航栏尺寸	宽为950px,高为30px
内容要求	包含店铺标志、店铺活动、收藏模块、分销招募、会员中心、导航栏等设计

你能否运用前面所学知识帮小雪完成这个任务呢?(店家提供的商品图见资源包)

任务评价

评价项目	自我评价		教师评价	
	小　　结	评分(5分)	点　　评	评分(5分)
图片清晰				
色彩搭配和谐				
内容排版合理				

任务二　食品类网店店招及导航栏设计与制作

任务介绍

本任务是为一家进口零食商城设计制作店招及导航栏。在了解食品类产品的特性,清楚版面颜色的正确运用、字体、构图排版和方案的基础上,要求在制作过程中熟练"文字""形状""橡皮擦""滤镜命令""图层样式"等工具的使用。

"食尚物语"是一家专营进口零食的商城,因商城发展,即将开设网店,为了能够树立品牌形象,现要求为其设计店招。要求:①配色符合零食店特点;②突出网店优势,再结合店铺的主题风格,进行相应的设计。设计师与客户沟通后得到具体需求信息,见表5-3。

表5-3 "食尚物语"网店客户需求信息

项 目	客 户 反 馈
消费人群	15～35岁青少年
食品定位	进口产品、快捷配送、贴心服务
关键信息	要求树立品牌形象、体现食品安全
广告版面	突出品牌和关键信息
店招尺寸	宽为950px，高为120px
导航栏尺寸	宽为950px，高为30px
文案	简短，能体现网店特点

任务实施

对于食品来说，生鲜水果类的产品店铺适合使用绿色。绿色表现出新鲜、环保、有机等形象。零食类产品适合采用一些可以调动人食欲的色彩，比如红、橙、黄等。

促销的季节，淘宝上的店铺都是统一的基调，暖色的使用贯穿了各家网店装修的始终。为什么促销时店铺装修喜欢用暖色？其一，暖色系对人眼球的吸引效果会好些；其二，暖色对购买欲的提升会更有优势。所以，在促销活动中，暖色系会被大量使用。另外，暖色系对人的情感、情绪的刺激，会更加有效。基于这些因素，大多数网上的促销模版都以暖色系为主。

第一步：设计思路分析

设计师针对客户需求信息进行设计思路分析：

（1）网店店招整体选用暖色色调吸引买家的眼球，提高情感、情绪的刺激，提升购买欲。店招与导航栏模块布局见图5-10。

图5-10　店招与导航栏模块布局

（2）对网店店名进行字体效果处理，吸引眼球，加深买家对网店的印象，树立品牌形象。

（3）使用图形与文字结合强化网店服务在物流、质量、服务方面的优势，更易让买家记住，提升好感，起到品牌宣传的作用。

（4）清晰明了的导航栏，把流量合理地分配给主推的页面或商品页面，引导用户找到合适的产品。

第二步：操作实施

设计师与客户沟通设计思路后形成可行的实施方案，以下为操作步骤。

1. 网店店招的制作

（1）启动Photoshop CS6，新建一个950px×150px的空白文档，名称为"食品类网店及店招"，背景填充白色，调出标尺并新建及锁定参考线在水平120px的位置，使用工具箱中的"矩形"工具，绘制一个矩形选区，并填充颜色：# f6c6b7，效果见图5-11。

图5-11 新建文件及参考线

（2）新建图层，使用工具箱中的"矩形"工具，绘制一个矩形选区，并填充颜色：#e84e46，使用工具箱中的"橡皮擦"工具，设置画笔如图5-12所示，按住<shift>键从左向右拖动，效果见图5-13。

图5-12 橡皮擦画笔设置

图5-13 使用橡皮擦后的效果

（3）新建图层，选择工具，按住<shift>键绘制正圆，并使用"自选图形"工具绘制心形，效果见图5-14。

图5-14 图形绘制效果

（4）选择"文字"工具，设置字体为汉仪琥珀简，输入文字"食尚物语进口零食商城"，栅格化文字，按住组合键<Ctrl+T>调整至合适大小，选择菜单命令"滤镜"—"杂色"—"添加杂色"，设置属性见图5-15，效果见图5-16。

图5-15　文字滤镜|杂色设置

图5-16　文字滤镜效果

（5）新建图层，使用"自选图形"工具，分别绘制以下图形，使用"文字"工具输入文字，效果见图5-17。

图5-17　图形绘制效果

（6）打开"零食车"素材图像文件，将其移动到图像上，对图像进行调整，效果见图5-18。

图5-18　添加素材效果

2. 网店导航栏的制作

（1）新建图层，根据参考线，绘制一个矩形选区，填充颜色：#e84e46，并使用"文字"工具输入文字，效果见图5-19。

图5-19　导航栏文字效果

（2）新建图层，使用"矩形"工具绘制矩形，设置"图层样式"—"斜面和浮雕"，属性值见图5-20，效果见图5-21。

图5-20　图层样式设置

图5-21　最终效果

举一反三

小雪新开了一家网店"口口香"，主营各种类型的零食。现在小雪想为自己的网店制作一张精美大方的店招，让进店的用户能第一时间留下好的印象和即时了解店里的相关优惠促销活动讯息。具体要求见表5-4。

表5-4 "口口香"网店客户需求信息

项 目	客 户 反 馈
消费人群	15~35岁青少年
关键信息	热卖商品促销价28元；满100元减20元
广告版面	突出店标和关键信息
店招尺寸	宽为950px，高为120px
导航栏尺寸	宽为950px，高为30px
内容要求	包含店铺标志、产品信息、促销信息、店铺活动、收藏模块、导航栏等设计

你能否帮小雪完成这个任务呢？（店家提供的商品图见资源包）

任务评价

评价项目	自 我 评 价		教 师 评 价	
	小 结	评分（5分）	点 评	评分（5分）
图片清晰				
色彩搭配和谐				
内容排版合理				

项目总结

对于网店而言，好店招及导航栏代表着店铺形象，不仅能传达店铺核心信息，同时还能起到宣传的作用。在制作的过程中，应注意以下原则：

（1）注意店招及导航栏的尺寸，淘宝网店招尺寸通常为950px×150px（包含导航栏），950px×120px（不含导航栏），在实际中可根据网店需要进行适当调整。

（2）店招的设计一定要店名醒目，设计吸引人，经营的产品一目了然，和店铺整体风格一致。

（3）导航栏清晰明了，体现合理的流量分配，能够引导买家找到合适的商品。

项目六 Banner广告及侧栏广告设计与制作

项目简介

本项目重点围绕网店的Banner广告及侧栏广告设计制作展开学习。Banner和侧栏广告是网店最为突出的宣传和展示载体，是吸引消费者眼球和传达网店产品信息的重要视觉传播途径。Banner广告一般是指横向的横幅广告，侧栏广告一般是指网页侧边纵向的纵幅广告，两者有时结合使用，有时只出现Banner广告。本项目将为服装和食品种类网店制作Banner广告和侧栏广告，这两种产品类型在网店中具有一定的普遍性和代表性。

项目目标

- 能读懂客户需求信息。
- 能根据客户需求信息进行广告版面设计。
- 能结合广告内容和客户需求信息提炼出广告语。
- 能使用"形状"工具绘制辅助图形。

任务一 服装网店Banner广告和侧栏广告设计与制作

任务介绍

本任务是为新款服装制作Banner广告以及侧栏广告，两者内容基本相同，只是尺寸和版式不一，在本任务中将学习Banner广告和侧栏广告相类似的素材互相转换的技巧。在制作过程中主要用到大量的形状绘制工具和颜色填充的方法，使用图层样式丰富画面、增添细节。

任务描述

某服装网店在换季阶段将发售新款连衣裙，为了配合新品的上市，现需制作网店Banner广告和侧栏广告以扩大宣传和推广。设计师与客户沟通后得到以下需求信息，见表6-1。

表6-1　某服装网店客户需求信息

项　　目	客　户　反　馈
消费人群	25～35岁女青年
服装风格	柔和、优雅、浪漫
关键信息	新品、特价、6折起
广告版面	突出产品和关键信息
Banner广告尺寸	宽为1920px，高为600px
侧栏广告尺寸	宽为190px，高为500px
广告文案	简短、有季节特点，能引起共鸣

同时，客户提供了部分商品素材。

任务实施

广告是一种很古老的宣传和推广手段。Banner广告和侧栏广告是网店最为突出的宣传和展示载体，见图6-1和图6-2。

图6-1　Banner广告　　　　　　　　　　　图6-2　侧栏广告

第一步：服装网店Banner广告设计思路分析

设计师针对客户需求信息进行设计思路分析：

（1）广告版面突出新品，因此背景比较简单，广告语字号大，对比较强，产品图采用不同角度、大小相结合加强效果。

（2）根据消费人群及产品的风格特点，在背景配色上倾向于优雅、浪漫的风格，选择紫色为背景主色，从中心到四周呈浅深渐变过渡，既统一又不失变化。

（3）在单一的背景上添加少许的装饰图案，以蝴蝶、叶子图形为辅助，起到协调和装饰画面的作用；热气球的装饰灵感主要来源于服装本身的图案特点。

（4）在广告口号上，根据简短、季节的要求，最终选用"秋装新品 引领潮流"，这样能引起消费者对潮流的憧憬，从而激发其购买欲望。

（5）新品、特价、打折是消费者的关注点，因此在广告中应加入这些文案。

知识加油站 》》

通常，网店首页导航栏下面是广告的位置，俗称Banner广告。Banner是整个页面最抢眼、最醒目的位置和区域，因此其广告内容比较重要且丰富，设计制作上比较费心思。有些网页在侧边会有一个纵向的广告栏，称为侧栏广告。侧栏广告也是产品页面的入口之一，相对Banner广告的内容而言比较简明扼要、有的放矢。

试一试

请根据本任务广告语"简短而引起共鸣"的要求，构思3句广告语。

第二步：Banner广告操作实施

设计师与客户沟通设计思路后形成可行的实施方案，以下为操作步骤。

1. 新建文档

启动Photoshop软件，单击"文件"→"新建"，创建一个空白文档，在弹出的参数设置对话框中，将宽、高的单位设置为px，设置宽为1920，高为600。

2. 填充背景

选用"渐变填充"工具，设置好渐变颜色后在属性栏上选择"径向渐变"，从中间往四周拖曳，见图6-3。

图6-3 填充径向渐变颜色

3. 绘制拼贴图形

（1）选择"自定形状"工具，在属性栏上选中"拼贴4"，见图6-4。

图6-4 选择"拼贴4"形状

小贴士 》》

Photoshop软件的"自定形状"工具除了可以绘制基本的几何形状和不规则形状外，还自带多种类型的预设形状，如动物、自然、符号、拼贴等，可以满足装饰图形的基本需求。

（2）在画面左侧上，按住<shift>键绘制"拼贴4"形状，效果见图6-5。

图6-5　绘制"拼贴4"形状

（3）设置形状的填充属性，渐变色为白色到白色，其他设置见图6-6。

图6-6　绘制"拼贴4"形状

（4）打开图层混合选项（图层样式），设置内阴影参数，见图6-7。

图6-7　设置内阴影参数

（5）复制形状，垂直翻转到右侧，同时选中"反向渐变颜色"，见图6-8。

图6-8 复制形状并选中"反向渐变颜色"

4. 绘制其他图案

（1）选择"自定形状"工具，打开形状拾色器，单击右上角选项打开下拉菜单选中"自然"类型并追加，然后在形状列表中选中"三叶草"，在画面右下角绘制，见图6-9。

图6-9 绘制"三叶草"图案

操作贴士 »»

"自定形状"工具的拾色器在默认情况下只有小部分形状，如果没有找到想要的形状就要在右上角的 下拉菜单中找到并追加到形状列表中。

（2）设置形状的填充方式，选择渐变，设置右侧不透明度为0，左侧不透明度为43，左侧颜色为紫色，右侧为白色，旋转渐变为90°，见图6-10。

图6-10 设置填充方式

（3）使用同样的方法，绘制"蝴蝶"形状，见图6-11。

图6-11　绘制"蝴蝶"图案

触类旁通 》》

使用步骤4（1）～（2）的方法，可以得到类似效果。绘制形状、设置渐变颜色和透明度是本案例多次使用的方法，要反复操作，达到熟练运用的程度。注意，每个图案的大小和颜色应稍作区别。

（4）将素材"热气球"拖到画面中，左右侧各放一个，适当将右侧的缩小，见图6-12。

图6-12　摆放"热气球"素材

5．导入人物素材

（1）打开"模特1"素材，将人物抠出，使用"移动"工具将模特图像拖到广告画面中，摆放位置和大小见图6-13。

图6-13　模特的摆放

小技巧 》》

抠像是美工人员的基本能力，通常会用到矩形系列工具、套索系列工具、魔棒系列工具及"钢笔"工具。要根据不同对象和情况灵活选择抠像方式，本例的模特素材背景颜色单纯，因此使用"魔棒"工具就可以达到很好的效果。

(2)选中模特图层,打开图层样式,设置见图6-14。

图6-14 设置投影

(3)使用同样方法,将"模特2"抠出放到广告画面中,见图6-15。

图6-15 导入"模特2"素材

6. 输入广告语

(1)使用"文字"工具,在两个模特之间横向输入"秋装新品　引领潮流"广告语,分上下两行错位排版,颜色设置为白色,字体为黑体,字号为72点,见图6-16。

(2)使用"钢笔"工具绘制飘带形状作为广告语文字的辅助图形,见图6-17。

图6-16 输入广告语　　　　　　　　　　图6-17 用"钢笔"工具绘制飘带形状

(3)选中左边飘带图层,选择"形状"工具,设置渐变填充的参数,见图6-18。

(4)使用同样的方法设置右边飘带的渐变参数,效果见图6-19。

图6-18　左边飘带的渐变填充

图6-19　右边飘带的渐变填充

7．其他文案制作

（1）在广告语左下角绘制一个白色的正圆形状，并在上面输入"2021新品"字样，字体为黑体，大小适中，颜色为紫色，见图6-20。

（2）使用同样方法，制作"特价包邮"和"抢先收藏"文字内容，见图6-21。

图6-20　绘制圆形并输入文字

图6-21　绘制相应形状并输入文字

（3）在广告语下方分别输入数字"6"和"折起"字样（字体为黑体，颜色为湖蓝），以及"秋装连衣裙　优惠大放送"字样（字体为黑体，颜色为白色），见图6-22。

图6-22　输入文案

（4）Banner广告最终效果见图6-23。

图6-23　Banner广告最终效果

第三步：侧栏广告设计思路分析

（1）因为是同一网店内的广告，所以在风格、形式上与Banner广告要统一，基本色调和图形元素都不变。

（2）由于尺寸比Banner广告小，而且是纵向排版，所以版式上稍作调整，内容和文案上也做了删减。

（3）将广告语和主要文案紧凑地安排在广告画面的底部，中部松弛而简洁，使画面既沉稳又大气。

第四步：侧栏广告操作实施

1. 新建文档

启动Photoshop软件，单击"文件"→"新建"，创建一个空白文档，在弹出的参数设置对话框中，将宽高的单位设置为px，设置宽为190，高为500。

2. 把背景从Banner广告移到侧栏广告文档中

（1）打开Banner广告的PSD源文件，选择背景和背景装饰图层，见图6-24。

图6-24　选中背景和装饰图层

小技巧 》》

好的图层管理能大大提高制作效率，本例中有很多零散的图形同属于一个背景装饰图形整体，可以将它们组成一个群组，方便整体隐藏、移动及查找等操作。

（2）使用"移动"工具，将图层拖曳到新建的侧栏广告文档中，对图层执行自由变换，将其"顺时针旋转90°"，并缩小到与文档相匹配的大小。

（3）调整"蝴蝶""三叶草"等形状的方向和位置，并调整"拼贴"格子的内阴影参数，见图6-25。

图6-25 调整形状并设置"拼贴"格子阴影

3. 将模特放置图中

将"模特2"素材从Banner广告文档中拖曳到侧栏广告文档中,见图6-26。

图6-26 将"模特2"素材放置到侧栏广告文档中

小贴士 》》

由于侧栏广告的空间容量有限,因此在排版的时候选择图像要有所侧重,应选择适合画幅尺寸的图像,并进行适当排版,切忌画面太饱满或者太空洞。

4．将文案放置图中

挑选重点文案将其拖曳到侧栏广告文档中，调整大小和位置，最终效果见图6-27。

图6-27　最终效果

举一反三

"时裳馆"服装网店在换季阶段将推出新品上衣，为了配合新品的上市，现需制作网店Banner广告和侧栏广告以期扩大宣传和推广。设计师与客户沟通后得到以下需求信息，见表6-2。

表6-2　"时裳馆"服装网店客户需求信息

项　　目	客　户　反　馈
消费人群	18~30岁女性
服装风格	个性、新潮、时尚
关键信息	新品、潮爆
广告版面	简洁、突出产品和关键信息
Banner广告尺寸	宽为1920px，高为600px
侧栏广告尺寸	宽为190px，高为500px
广告文案	简短、有消费吸引力

请根据以上客户需求信息，为该网店制作Banner广告和侧栏广告（网店提供的商品图见资源包）。参考效果见图6-28、图6-29。

图6-28　Banner广告　　　　　　　　图6-29　侧栏广告

任务评价

评价项目	自我评价（20分）		教师评价（80分）	
	分　值	评　分	分　值	评　分
版式设计	5分		20分	
针对客户要求进行设计	4分		16分	
颜色搭配	4分		16分	
文案提炼	4分		16分	
Banner与侧栏广告完成度	3分（未完成不得分）		12分（未完成不得分）	
	自我评价小计		教师评价小计	

综合评价：

任务二　食品网店Banner广告和侧栏广告设计与制作

任务介绍

本任务是为食品网店制作Banner广告及侧栏广告，与任务一做法相似，先完成Banner广告，再制作侧栏广告。本任务在制作过程中需要用到较多的素材，通过使用图层混合模式及图层蒙版来丰富画面。

任务描述

"永福食品"网店即将推出特惠装食用调和油,为了配合新品的宣传和推广,需制作Banner广告和侧栏广告。设计师与客户沟通后得到以下需求信息,见表6-3。

表6-3 "永福食品"食品网店客户需求信息

项 目	客 户 反 馈
消费人群	普通家庭
风格	有中国传统的吉祥和喜庆感
关键信息	特惠、领券
广告版面	突出产品和关键信息
Banner广告尺寸	宽为1920px,高为600px
侧栏广告尺寸	宽为190px,高为500px
广告文案	简明、直接

任务实施

第一步:Banner广告设计思路分析

设计师针对客户需求信息进行设计思路分析:

(1)根据广告版面突出新品的要求,背景整体感强,将产品图置于画面黄金分割线上,增强视觉效果,突出产品。

(2)选择橙色和红色渐变为背景主色,再配以祥云图案和烟花的拖尾图形,这样的画风就有了吉祥和喜庆的效果。

(3)文案"低至7折 第二桶半价"采用价格策略,既简短又直接,并给人强烈的吸引力,广告语"特惠装 一起来约惠"一语双关,能拉近与消费者之间的距离。

(4)涟漪的图案能增加调和油的特质效果,使画面更加丰富。

广告语是广告很关键的组成部分,好的广告语往往能使广告成为经典。因此,广告语必须是提炼过的,便于传诵的,比较讲究语音、语调及谐音字的搭配。

> **试一试**
>
> 请根据本任务广告语"简明、直接"的要求,构思3句广告语。

第二步:Banner广告操作实施

设计师与客户沟通设计思路后形成可行的实施方案,以下为操作步骤。

1. 新建文档

启动Photoshop软件,单击"文件"→"新建",创建一个空白文档,在弹出的参数设置对话框中,将宽、高的单位设置为px,宽为1920,高为600。

2. 填充背景

选择"渐变填充"工具，在属性栏上选择"径向渐变"，渐变效果见图6-30。

图6-30　填充径向渐变颜色

3. 添加祥云图案

（1）将"祥云1"素材拖入文档中，摆放到左上角，见图6-31。

图6-31　拖入"祥云1"素材

（2）选中"祥云1"图层，执行"图像"→"调整"→"色相/饱和度"，调节色调为"橙色"。同时，设置图层不透明度为"30%"，见图6-32。

图6-32　调节色调及不透明度

（3）将"祥云2"素材拖入文档中，适当缩小并摆放到右上角，使用"色相/饱和度"调色，选中"着色"一项，调节色调为"黄色"，见图6-33。

图6-33 导入"祥云2"素材并调节颜色

（4）设置"祥云2"图层的投影，见图6-34。

图6-34 设置投影

> **操作贴士 》》**
>
> 图像素材可以直接从Photoshop外部直接拖曳到当前编辑的文档中，导入后的默认状态是智能对象，不能调节颜色，如果要调色及添加滤镜效果等操作，就要栅格化图层。

4. 添加涟漪图案

（1）将"涟漪"素材拖入文档中，适当缩放大小，调整角度，摆放位置见图6-35。

图6-35 将"涟漪"素材拖入文档中

（2）设置"涟漪"图层的混合模式为"划分"，见图6-36。

图6-36　设置填充方式

（3）为"涟漪"图层添加图层蒙版，见图6-37。

（4）选中"渐变填充"工具的径向渐变方式，设置渐变颜色从白色到黑色，然后从"涟漪"的中心往外拖曳，最终得到边缘虚化的效果，见图6-38。

图6-37　添加图层蒙版

图6-38　图层蒙版的径向渐变

5．绘制装饰图形

（1）选中"圆角矩形"工具，设置填充颜色为"柠檬黄纯色"，圆角半径为"40px"，绘制一个长度和高度适中的圆角矩形，见图6-39。

图6-39　绘制圆角矩形

（2）设置形状不透明度渐变，用自由变换方式调整形状角度，并移到画面左端，效果见图6-40。

图6-40 设置形状不透明度渐变

(3)使用同样方法,在画面两端制作出不同颜色和大小的装饰图形,见图6-41。

图6-41 制作不同颜色和大小的装饰图形

触类旁通》》

使用步骤5(1)~(2)的方法,可以得到同类效果。先复制形状,再调整颜色、大小、位置和旋转角度。

6. 导入产品主图

(1)将"调和油"素材直接拖入当前文档中,通过自由变换调整大小和位置,见图6-42。

图6-42 调整素材大小和位置

(2)复制"调和油"图层作为倒影,通过自由变换旋转180°,并置于主图底部,见图6-43。

(3)为复制的图层添加图层蒙版,并使用"渐变填充"工具制作渐变虚化倒影效果,见图6-44。

图6-43　复制图层作为倒影

图6-44　使用图层蒙版制作渐变虚化倒影效果

触类旁通 》》

使用步骤4（3）～（4）的方法，可以得到同类效果，图像的渐变虚化效果能使图像与背景紧密融合，而且后期修改和编辑的灵活性很高，因此使用度高、用途广。要多加练习，遇到类似操作才可以轻松地完成。

（4）通过图层样式制作"调和油"的发光效果，设置见图6-45。

图6-45　发光效果

> **小技巧》》**
>
> 发光效果是主图和文字最常用的效果之一，它可以加强图形或文字的视觉冲击效果，一般来说要根据图像的大小来控制发光的不透明度和大小，如果过度强调发光效果会适得其反。当不再需要图层样式效果的时候可以将它隐藏或者清除。

7. 添加文案

（1）选中"矩形"工具，设置无填充，描边为白色，描边大小为10点，在调和油图像右侧绘制一个矩形，见图6-46。

图6-46　绘制矩形框

（2）选中"文字"工具，设置字体为黑体，字号为60点，颜色为白色，在矩形框内输入文字"领券　低至7折　第二桶半价"，然后将"领券"字号设置为100点，见图6-47。

图6-47　输入文案

（3）再次选中文字工具，在矩形内的空白处输入"特惠装-起来约惠"文字，调整字体为黑体，字号为48点，颜色为白色，将两个"惠"字的颜色改为黄色，见图6-48。

（4）Banner广告最终效果见图6-49。

图6-48 输入文案

图6-49 Banner广告最终效果

第三步：侧栏广告设计思路分析

（1）在风格、形式上与Banner广告要统一，基本色调和图形元素也是沿用Banner广告的。
（2）版式上稍作调整，主图放在右上角的位置，文案放在左下方，使画面显得相对平衡。
（3）祥云的图案元素和拖尾图形效果分布错落有致，为画面增添活泼和动感效果。

第四步：侧栏广告操作实施

1. 新建文档

创建一个空白文档，设置宽为190px，高为500px。

2. 把背景从Banner广告文档移到侧栏广告文档中

（1）打开Banner广告的PSD源文件，选择背景和素材图层，见图6-50。

图6-50 选中背景和素材图层

（2）使用"移动"工具，将图层拖曳到新建的侧栏广告文档中，通过自由变换方式，使图层与文档大小相匹配，同时调整每个图像素材的位置。
（3）调整"祥云2"的投影大小为6px，见图6-51。

图6-51 调整形状并设置"拼贴"格子阴影

3．导入装饰图形

从Banner文档中将装饰图形以组的形式拖曳到侧栏广告文档中，然后调整大小和位置，见图6-52。

图6-52　将装饰图形拖曳到文档中

操作贴士 》》

这里的装饰图形比较多，为了方便管理，将所有装饰图形图层放到同一组内，这样挪动或查找就变得便捷多了。当装饰图形移到侧栏广告文档后，应适当调整其大小和位置，使其具有一定的视觉节奏感。

4．导入产品主图

将调和油图像及其倒影拖曳到侧栏广告中，调整大小、位置，以及外发光大小，见图6-53。

图6-53　调整主图大小、位置和效果

5. 将文案导入图中

将"领券 低至7折 第二桶半价"文案导入文档中，适当缩小并转行排版，将其放到画面底端，见图6-54。将"特惠装 一起来约惠"文案导入文档中，选中"文字"工具，单击"切换文本取向"，将其排版方向改为竖排，见图6-55。最终效果见图6-56。

图6-54　调整文案位置　　　　图6-55　竖排文字　　　　图6-56　最终效果

小贴士 》》

在Photoshop中可以根据需要切换文字排版的方向，即横排和竖排两种基本方向。除此之外，如果文本段落较大，可使用文本框排版功能，这样既可以约束和美化文本，又可以轻松编辑和修改文本格式。

举一反三

"新鲜果蔬商城"网店即将上线，现需制作网店Banner广告和侧栏广告以扩大宣传和推广。设计师与客户沟通后得到以下需求信息，见表6-4。

表6-4　"新鲜果蔬商城"网店客户需求信息

项　目	客户反馈
消费人群	普通家庭与个人
果蔬特点	新鲜、绿色
关键信息	24h不打烊、凭券优惠
广告版面	简洁、新鲜感
Banner广告尺寸	宽为1920px，高为600px
侧栏广告尺寸	宽为190px，高为500px
广告文案	简短、有消费吸引力

请根据以上客户需求信息,为该网店制作Banner广告和侧栏广告(店家提供的商品图见资源包)。参考效果见图6-57、图6-58。

图6-57 Banner广告

图6-58 侧栏广告

任务评价

评价项目	自我评价(20分)		教师评价(80分)	
	分 值	评 分	分 值	评 分
版式设计	5分		20分	
针对客户需求进行设计	4分		16分	
颜色搭配	4分		16分	
文案提炼	4分		16分	
Banner与侧栏广告完成度	3分(未完成不得分)		12分(未完成不得分)	
	自我评价小计		教师评价小计	
综合评价:				

项目总结

Banner广告和侧栏广告是网店的风向标,新品上市、节日活动、促销活动等活动的推广和宣传都离不开广告。好的广告是网店点击率和诱导消费的助推器。在制作的过程中,应遵循以下原则:

(1)版式设计可根据活动特点进行精心策划,新颖的版式让人赏心悦目,从而增大点击和消费的可能性。

(2)广告画面主要色彩应根据活动和产品特性进行搭配。

(3)搭配一定量的辅助图形和图层样式才能让画面更完整,层次更丰富。

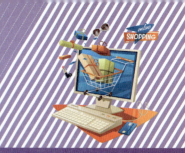

项目七 详情页设计

项目简介

本项目是围绕宝贝详情页的制作展开学习。宝贝详情页是激发顾客的消费欲望，树立顾客对店铺的信任感，提高转化率的入口。宝贝详情页介绍产品的功能、特性、细节、品牌等，通过图文结合将产品全方位展示，从而促进顾客购买。本项目将为服装和食品两类网店制作宝贝详情页，这两种产品类型在网店中具有一定的普遍性和代表性。

项目目标

- 能读懂客户反馈信息。
- 能根据客户反馈信息进行宝贝详情页设计。
- 能根据客户反馈信息进行宝贝文案的编写。
- 能使用"文字""形状""通道"和"蒙版"等工具编辑辅助图形。

任务一 服装类网店详情页设计

任务介绍

本任务是制作女装网店的一款风衣宝贝详情页。通过对图片的排版编辑、文字的变形和渐变工具设计创意海报情景大图，使用"矩形"工具、"文字"工具和图层样式设计制作关联图和优惠券，利用软文描述并配上细节图片展示，突显风衣的特性和卖点。在该风衣的详情页中大量应用"文字""形状"和"画笔"，同时应用描边命令和图层对齐等操作优化宝贝详情页。

任务描述

"千纤纺女装"网店到了一款风衣，新款风衣要上架，现征集新款风衣的宝贝详情页。设计师与客户沟通后得到需求信息，见表7-1。

表7-1 "千纤纺女装"网店客户需求信息

项目	客户反馈
消费人群	20～35岁女性
服装风格	优雅、高贵、浪漫
关键信息	风衣、新品
详情页版面	海报情景图、宝贝信息、尺码信息、细节展示、品牌售后等
详情页尺寸	宽750px，高度不限（根据实际情况）
宝贝文案	简短、强调卖点

客户提供部分照片素材，见图7-1。

图7-1 部分照片素材

任务实施

宝贝详情页是顾客打开商品页面后，仔细观看、细细品味寻找符合自己需求的产品展示区域。因此，详情页对宝贝的展示要全面，宝贝的尺寸要准确，文案要运用情感营销引发共鸣，且简短易记。

第一步：设计思路分析

设计师针对客户反馈信息表进行设计思路分析：

（1）详情页版面要全面详细地展示产品，应包含海报情景图、宝贝信息、尺码信息、细节展示、品牌售后等。

（2）根据消费人群以及产品的风格特点，详情页选择紫色为背景主色，整体采用玻璃质感背景做底衬，以呈现画面的立体效果，海报情景图的背景应用粉色和花的图案，表现女性的优雅、浪漫，独特造型的宣传标语有助于烘托宝贝卖点，带给顾客视觉冲击。

（3）网上购物消费者没有真实的产品体验，购买服装最大的顾虑就是买回来的衣服不能穿，为了消除顾客的顾虑，在宝贝详情页上必须涉及宝贝信息和尺码信息，这样顾客在购买时便可以测量对照，购买到合适的商品。

（4）产品的细节、性能、品质要清楚地告诉消费者。服装类产品要向顾客展示服装的面料、设计的特点、服装的独特之处，以及这些属性将会给客户带来的优势。

（5）产品展示要配上文案描述，文案是产品卖点的提炼，具有强调和暗示的功能，运用文案进行情感营销，引发共鸣，能让顾客细细品味。

小贴士 »»

宝贝详情页是卖家与买家之间不在场的虚拟沟通。只有在详情页上给出更多"合胃口"的信息,才能够引起买家的兴趣。从整体上来说,宝贝详情页要符合店铺风格,让买家融入品牌氛围;从细节上来说,前三屏最重要。以简单明了的方式体现产品的基础信息、宝贝细节描述、模特图、套餐及优惠政策、产品对比、品牌介绍、购物保障等。

知识加油站 »»

宝贝详情页的描述遵循以下基本顺序:①激发兴趣;②激发潜在需求;③赢得消费者信任;④客户做出决定。潜在需求是指消费者有明确意识的欲望,但由于种种原因还没有明确地显示出来的需求。一旦条件成熟,潜在需求就会转化为显性需求,为企业提供无穷的商机。显性需求是指已经存在的市场需求,表现为消费者既有欲望,又有一定的购买力。

试一试　请根据宝贝详情页的制作要求,试着制作新款风衣的宝贝详情页。从色彩象征的含义入手来定位详情页的色调,制作符合宝贝的详情描述。

第二步:操作实施

1. 设计详情页模板

(1)启动Photoshop CS6,新建一个750px×1200px的空白文档,名称为"服装详情页模板",背景填充浅灰色(R:236,G:236,B:236),选择"矩形"工具,绘制一个矩形选区,并填充紫色(R:176,G:61,B:189),效果见图7-2。

(2)打开素材"标志图.jpg"文件,见图7-3。选择"矩形"工具,选取图像,选择"移动"工具,将其移动到"服装详情页模板"图像上,对图像进行调整,效果见图7-4。

(3)选择"魔棒"工具,单击白色背景,按<Delete>键删除白色背景,按<Ctrl>键,单击"缩略图",变成选区,填充白色,效果见图7-5。

图7-2　详情页背景

图7-3　标志图

图7-4　调整标志

图7-5　删除标志背景填充白色

（4）选择"文字"工具，在图像上输入文字"千纤纺"女装，字体为幼圆，大小为30点，按<Ctrl>键，单击"缩略图"，将文字载入选区。打开素材"字底花.jpg"文件，将其移动到"服装详情页模板.psd"文件中的选区部分，按<Ctrl+Shift+I>组合键，反向选取，按<Delete>键删除，选择"图层"→"图层样式"→"投影"命令，弹出"图层样式"对话框，设置投影的样式见图7-6，效果见图7-7。

图7-6　设置图层样式　　　　　　　　　图7-7　店铺名称

（5）选择"自定形状"工具，设置其属性见图7-8，在图像中按下鼠标左键同时移动鼠标，绘制花朵，效果见图7-9。

（6）制作玻璃图层。新建图层，选择"矩形"工具，绘制一个矩形，填充灰色，选择"图层"→"图层样式"→"混合选项"，弹出"图层样式"对话框，设置"混合选项：自定"中的"填充不透明度"为30%；"投影"中的"混合模式"为正片叠底、黑色，"不透明度"为36%，"角度"为135°，"距离"为3px，"扩展"为0%，"大小"为3px；"外发光"中的"混合模式"为叠加，"不透明度"为50%，"设置发光颜色"为白色；"斜面和浮雕"中的"大小"为4px，"光泽等高线"为环形，"高光模式"为正常，"不透明度"为100%，"阴影模式"为颜色加深，"不透明度"为19%；"等高线"中的"范围"为33%，效果见图7-10。

图7-8　自定形状属性

图7-9　绘制花朵　　　　　　　　　图7-10　制作玻璃图层

（7）新建图层，选择"椭圆"工具，按住<Shift>键，同时按下鼠标左键移动鼠标绘制一个正圆，选择"渐变填充"工具，设置"渐变编辑器"对话，见图7-11，选择"角度渐变"按钮，按下鼠标左键，同时由中心向外移动鼠标。

（8）按照上述操作步骤，制作其他几个图钉，效果见图7-12。

图7-11 渐变编辑器

图7-12 制作图钉

（9）选择"文字"工具，输入文字，字体为幼圆，文字"店铺公告"大小为14点，文字"本店承诺七天之内包退包换"大小为12点，效果见图7-13。

（10）新建图层，选择"圆角矩形"工具，半径为20px，绘制圆角路径，按<Ctrl+Enter>组合键，使其变成选区，填充白色，效果见图7-14。

图7-13 店铺公告

图7-14 导航条

（11）新建图层，选择"矩形"工具，绘制一个矩形路径，选择"编辑"→"变换"→"斜切"，将鼠标移到底边中间点，按下鼠标左键向左移动，形成平行四边形，按<Ctrl+Enter>组合键，使其变成选区，填充渐变色，效果见图7-15。

（12）选择"文字"工具，输入文字"首页""宝贝详情""收藏""帮助"字体为幼圆，大小为18点，效果见图7-16。

图7-15 导航按钮

图7-16 导航文字

（13）复制玻璃图层，按<Ctrl+T>组合键，调整大小和位置，选择"图层"→"图层样式"→"颜色叠加"，设置叠加颜色为紫色（R：179，G：71，B：192），"不透明度"为50%；"斜面和浮雕"中的"大小"为10px。

（14）选择"自定形状"工具，绘制花形状，选择"文字"工具，输入文字"宝贝信息"，字体为幼圆，大小为18点效果见图7-17。

（15）按照上述的操作步骤，制作其他几个版块，效果见图7-18。

（16）模板制作完成，保存文件为"服装详情页模板.psd"。

图7-17 复制玻璃图层　　　　　　　　　图7-18 服装详情页模板

2．设计海报情景图与关联区

（1）选择"图像"→"画布大小"→"定位'向下延伸'"，高度增加500px。

选择"移动工具"，按<Shift>键，同时选中"宝贝信息""细节展示""关于售后"几个版块图层向下移动，空出位置制作"海报情景图与关联区"。新建图层，选择"圆角矩形"工具，绘制一个圆角矩形，按<Ctrl+Enter>组合键，变成选区，选择"渐变"工具，设置颜色（R：253，G：333，B：255；R：254，G：245，B：255；R：254，G：167，B：240），见图7-19，按下鼠标左键同时移动鼠标，填充渐变颜色，效果见图7-20。

图7-19 渐变编辑器　　　　　　　　　图7-20 填充渐变颜色

（2）打开素材"背景花.jpg"文件，将其移动到"服装详情页模板.psd"中，选择"编辑"→"变换"→"旋转180°"，选择"魔棒"工具，容差为20，选取白底，按<Delete>键删除白色背景，调整大小和位置，效果见图7-21。

（3）打开素材"模特1.jpg"文件，选择"钢笔"工具，勾画人物路径，按<Ctrl+Enter>组合键，变成选区，将其移动到"服装详情页模板.psd"文件中，调整大小和位置，效果见图7-22。

图7-21　海报情景图背景　　　　　　　　　图7-22　插入模特图片

（4）打开素材"风衣1.jpg"文件，选择"矩形"工具，选取图像，将其移动到"服装详情页模板.psd"文件中，选择"魔棒"工具，容差为10，选取白底，按<Delete>键删除白色背景，调整大小和位置，使用同样的方法，制作另外两件风衣图片，效果见图7-23。

（5）选择"文字"工具，输入文字"春季新款震撼上市"，大小为48点，字体为华文隶书，选择"图层"→"图层样式"→"描边"，弹出"图层样式"对话框，设置对话框见图7-24。

图7-23　插入风衣图片　　　　　　　　　图7-24　描边图层样式

（6）选择"图层"→"栅格化"→"文字"，选择"编辑"→"变换"→"斜切"，选择右上角变换点按下鼠标左键向上移动鼠标，按<Enter>键即可。同样方法制作另一组字，效果见图7-25。

（7）新建图层，选择"矩形"工具，绘制矩形，填充颜色（R：246，G：1，B：70），再绘制一个矩形，按<Delete>键删除白色背景，效果见图7-26。

图7-25 文字描边斜切　　　　　　　图7-26 关联图框

（8）选择"文字"工具，输入文字，字体为黑体，插入素材"牛仔衣.jpg"图片，效果见图7-27。

（9）按照上述操作步骤，制作其他两个关联图，效果见图7-28。

图7-27 牛仔衣关联图　　　　　　　图7-28 关联图

（10）新建图层，选择"矩形"工具，绘制一个矩形，填充粉红色（R：246，G：74，B：158），选择"椭圆"工具，按<Shift>键，绘制一个小正圆，删除粉红图层的边缘。选择"图层"→"图层样式"→"投影"，弹出"图层样式"对话框，设置默认值。选择"文字"工具，输入文字，字体为黑体，效果见图7-29。

（11）按照上述操作步骤，制作另外两张优惠券，效果见图7-30。

图7-29 输入优惠券文字　　　　图7-30 海报情景图与关联区

3. 设计宝贝信息

(1) 打开素材"模特2.jpg"文件,选择"矩形"工具,选取图像,将其移动到"服装详情页模板.psd"中,调整大小和位置。新建图层,选择"矩形"工具,绘制一个矩形,选择"编辑"→"描边",弹出"描边"对话框,设置"宽度"为1px,"颜色"为米色(R:231,G:223,B:212),居中,效果见图7-31。

图7-31 制作边框

(2) 选择"文字"工具,输入文字,字体为黑体,大小为14点,新建图层,选择"铅笔"工具,大小为2px,按<Shift>键,绘制直线,选择"椭圆"工具,按<Shift>键,绘制一个小正圆,填充灰色,选择"多边形"工具,设置属性见图7-32,绘制灰色三角形,效果见图7-33。

(3) 按照上述操作步骤,输入文字,字体为黑体,大小为14点,绘制线条。

(4) 打开素材"洗涤说明标志.jpg"文件,将其移动到"服装详情页模板.psd"中,调整大小和位置,效果见图7-34。

图7-32 多边形工具属性

图7-33 输入文字

图7-34 宝贝信息图

4. 设计尺码信息

（1）新建图层，选择"矩形"工具，绘制一个矩形，填充深灰色（R：100，G：100，B：100），选择"铅笔"工具，按<Shift>键，画白色直线。新建图层，选择"矩形"工具，绘制一个矩形，填充浅灰色（R：229，G：229，B：229），选择"文字"工具，输入文字，字体为宋体，大小为14点，效果见图7-35。

（2）打开素材"测量图标.jpg"和"体型对照.jpg"两个文件，将其移动到"服装详情页模板.psd"文件中，调整大小和位置，效果见图7-36。

图7-35 输入尺码信息

图7-36 尺码信息图

5. 设计细节展示

（1）选择"文字"工具，输入文字"01"，字体为Freestyle script，大小为39点，倾斜，颜色为紫色（R：195，G：117，B：204）；文字"不落幕的经典"，字体为宋体，大小为20点，颜色为黑色；文字"时尚百搭，经典永恒，传统与时尚于一身的经典结合，给人活泼开朗，也不失优雅温柔的印象"，字体为宋体，大小为14点，颜色为黑色。设置"铅笔"工具，大小为1px，前景色为紫色（R：197，G：127，B：195），选择"圆角矩形"工具，在属性栏中选择"路径"，半径为10px，绘制圆角矩形路径，单击右键，选择"描边路径"命令，弹出"描边路径"对话框，选择"铅笔"工具，单击"确定"按钮，效果见图7-37、图7-38。

（2）按照上述操作步骤，打开素材"细节2.jpg"文件，制作细节图，效果见图7-38。

图7-37 风衣正面展示

图7-38 风衣背面展示

（3）打开素材"细节3.jpg"文件，选择"矩形"工具，选取图像，将其移动到"服装详情页模板.psd"文件中,选择"编辑"→"描边",弹出"描边"对话框,设置"宽度"为3px,"颜色"为紫色(R:186,G:92,B:199),居中。

(4)选择"魔棒"工具,容差为20,选取白色背景,按<Delete>键删除白色背景,选择"文字"工具,输入文字,效果见图7-39。

(5)按照上述操作步骤,制作其他几个细节展示,效果见图7-40。

图7-39　细节翻领和袖型展示　　　　　　图7-40　细节口袋和做工展示

6. 设计品牌介绍和关于售后

(1)打开素材"品牌介绍.jpg"文件,选择"矩形"工具,选取图像,将其移动到"服装详情页模板.psd"文件中,调整大小和位置,选择"图层"→"图层样式"→"投影",弹出"图层样式"对话框,设置"投影"中的"距离"为1px,效果见图7-41。

(2)新建图层,选择"椭圆"工具,按<Shift>键,按下鼠标左键同时移动鼠标,绘制一个正圆,填充红色,前景色设为白色,选择"自定形状"工具,选择心状,绘制一个爱心形状。

(3)选择"文字"工具,输入文字,字体为黑体,效果见图7-42。

(4)保存文件。

图7-41　品牌介绍　　　　　　　　　　　图7-42　关于售后

7. 详情页的切片操作

(1)选择"切片"工具,按下鼠标左键,从图片的开头移动鼠标,分割成多个图片块(注意:每个图片块之间不能有空隙),效果见资源包插图部分。

(2)选择"文件"→"存储为Web所用格式",弹出"存储为Web所用格式"对话框，单击"存储"按钮，弹出"将优化结果存储为"对话框，单击"保存"按钮，弹出"警告"对话框，单击"确定"，完成详情页的切片。

举一反三

"金秋男装"网店刚到了一款新品夹克，新款夹克要上架，现征集新款夹克的宝贝详情页。设计师与客户沟通后得到需求信息，见表7-2。

表7-2 "金秋男装"网店客户需求信息

项　　目	客　户　反　馈
消费人群	25~40岁男性
服装风格	简洁、时尚、稳重
关键信息	夹克、新品
详情页版面	海报情景图、宝贝信息、尺码信息、细节展示、品牌售后等
详情页尺寸	宽750px，高度不限（根据实际情况）
宝贝文案	简短、强调卖点

请根据以上客户反馈信息，为该网店制作宝贝详情页（店家提供的商品图见资源包）。

任务评价

评价项目	自我评价（20分）		教师评价（80分）	
	分　值	评　分	分　值	评　分
版式设计	5分		20分	
针对客户要求进行设计	4分		16分	
颜色搭配	4分		16分	
文案提炼	4分		16分	
详情页的完成度	3分（未完成不得分）		12分（未完成不得分）	
	自我评价小计		教师评价小计	
综合评价：				

任务二　食品类网店详情页设计

任务介绍

本任务是制作食品类网店中的牛奶宝贝详情页。在任务中使用钢笔、魔棒、图层样式、选框、橡皮、文字等工具对图片进行排版编辑，设计制作详情页模板、创意海报情景大图，利用文案并配上相应图片展示牛奶的功效和卖点等。在制作过程中应用文字、画笔、钢笔、描边命令、图层对齐、通道等工具，优化宝贝详情页。

任务描述

"牛气十足"食品网店销售光明牛奶,由于牛奶属于快速消费品,用户对产品的认可在瞬间完成,而起决定作用的是品牌的形象。宝贝详情页可以通过不断地强化产品的安全、卫生、营养、绿色等,提升牛奶产品的品牌形象。现征集一款光明牛奶的宝贝详情页。设计师与客户沟通后得到需求信息,见表7-3。

表7-3 "牛气十足"食品网店客户需求信息

项 目	客 户 反 馈
消费人群	各类人群
风格	天然、清爽
关键信息	牛奶、新鲜
详情页版面	海报情景图、宝贝信息、产品展示、品牌售后等
详情页尺寸	宽750px,高度不限(根据实际情况)
宝贝文案	简短、真实

客户提供部分照片素材,见图7-43。

图7-43 部分照片素材

任务实施

第一步:设计思路分析

设计师针对客户反馈信息表进行设计思路分析:

(1)详情页版面要全面详细地展示产品,应包含海报情景图、宝贝信息、产品展示、品牌售后等。

(2)详情页选择蓝色和白色为背景主色,体现天然、清爽的风格,再配些与牛奶相关的插图,让详情页的整体既统一又有些变化。

(3)海报情景图以蓝天白云、草原、奶牛为背景,中央摆放产品的主图和用透明容器呈现牛奶的实物图,以告知消费者奶牛生长在无污染的环境中,保证牛奶的高品质。

(4)在宝贝详情页中设计产品的规格、营养成分、适合人群,再附上检验报告和企业的实况图片,更能证明产品的安全性和真实性,提升品牌形象。

(5)产品展示要配上文案描述,通过文案强调产品的功效,能让消费者细细品味,进而明确产品是否是自己需要的商品。

(6)制作细致贴心的售后服务。

> **小贴士** 》》
>
> 漂亮美观的宝贝详情页面，不仅为宝贝的介绍增色不少，并在一定程度上延长了买家的浏览时间，无形中会增加更多出售宝贝的机会。食品详情页除美观外，还要关注食品安全和网购食品如何保障质量等方面。首先商品的质量必须有保证，然后根据买家对商品图片的需求程度，做好宝贝图片的优化，如宝贝详情中可以增加质检报告、第三方认证证书、经营许可证、实体店图片等来优化宝贝。

> **知识加油站** 》》
>
> 宝贝详情页是买家浏览商品的页面，对提高商品的转化率起着重要作用。为了让宝贝详情页在浏览器中尽可能快地显示，建议不要在宝贝详情页模板中使用过多的大图。使用Photoshop设计好宝贝详情页后，应将详情页进行切片处理，最后将切片文件上传到网站的图片空间。

试一试　请根据宝贝详情页的制作要求，来试着制作其他食品的宝贝详情页。从宝贝大图、食品的营养成分、细节展示、品牌形象、售后等方面切入，制作符合宝贝特点的详情描述。

第二步：操作实施

1．设计详情页模板

（1）启动Photoshop CS6，新建一个750px×1100px的空白文档，背景填充浅蓝色，选择"矩形"工具，绘制一个矩形，并填充蓝色，效果见图7-44。

（2）打开素材"牛标志.jpg"图像文件。选择"钢笔"工具沿图像边缘绘制闭合路径，按<Ctrl+Enter>组合键，变成选区，选择"移动"工具，将其移动到图像上，对图像进行调整，效果见图7-45。

图7-44　详情页背景

图7-45　制作标志

（3）选择"文本"工具，在图像上输入文字"牛气十足"，字体为幼圆，选择"图层"→"栅格化"→"文字"，按<Ctrl>键，单击"缩略图"，将栅格化文字载入选区，填充渐变色（白色→浅蓝色），选择"图层"→"图层样式"→"投影"命令，弹出"图层样式"对话框,设置投影的样式为默认值,单击"确定"按钮,效果见图7-46。

(4)打开素材"牛奶图.jpg"文件,选择"魔棒"工具,设置容差为40,选择蓝色部分,效果见图7-47。

图7-46　店铺名称

图7-47　选择蓝色背景

(5)删除蓝色选区,调整牛奶图像的大小和位置,使用"橡皮"工具擦除,效果见图7-48。

(6)制作店铺公告。新建图层,选择"矩形"工具,绘制一个矩形,填充灰色,选择"图层"→"图层样式"→"混合选项",弹出"图层样式"对话框,设置"混合选项:自定"中的"填充不透明度"为30%;"投影"中的"混合模式"为正片叠底、黑色,"不透明度"为36%,"角度"为135°,"距离"为3px,"扩展"为0%,"大小"为3px;"外发光"中的"混合模式"为叠加,"不透明度"为50%,"设置发光颜色"为白色;"斜面和浮雕"中的"大小"为4px,"光泽等高线"为环形,"高光模式"为正常,"不透明度"为100%,"阴影模式"为颜色加深,不透明度为19%;"等高线"中的"范围"为33%。选择"文字"工具,输入文字,字体为幼圆,效果见图7-49。

图7-48　擦除牛奶图像

图7-49　制作店铺公告

(7)选择"文字"工具,输入文字"首页",字体为幼圆,效果见图7-50。

(8)按照上述操作步骤,绘制其他按钮,并输入文字"评价""收藏""逛逛",字体为幼圆,效果见图7-51。

图7-50　制作导航按钮

图7-51　导航按钮

（9）选择"钢笔"工具，绘制一条路径，选择"路径选择"工具，按<Alt>键，同时按下鼠标左键移动鼠标复制一条路径，效果见图7-52。

（10）新建图层，选择"铅笔"工具，打开"画笔"面板，设置铅笔属性，大小：3px，间距：300%，效果见图7-53。

图7-52 制作路径　　　　　　　　　　图7-53 设置画笔属性

（11）设置前景色为灰色（R：150，G：150，B：150），选择"路径选择"工具，选中两条路径，单击鼠标右键，弹出快捷菜单，选择"描边路径"命令，效果见图7-54。

图7-54 描边路径

（12）新建图层，选择"铅笔"工具，笔尖大小为1px，打开"画笔"面板，设置间距：1%，绘制一条直线，选择"编辑"→"自由变换"（或按<Ctrl+T>组合键），设置角度为45°，效果见图7-55。

图7-55 设置变换角度

（13）复制图层（根据斜线的密度，复制多个图层），选中所有斜线图层，选择"移动"工具，单击"顶端对齐"和"水平居中分布"，选择"图层"→"合并图层"，效果见图7-56。

图7-56 复制线段

（14）选择"铅笔"工具，笔尖大小为5px，画一条直线，按照上述操作步骤，绘制斜线和直线，效果见图7-57。

（15）新建图层，选择"矩形"工具，绘制一个矩形，选择"编辑"→"描边"命令，弹出对话框，设置"宽度"为2px，颜色为灰色（R：150，G：150，B：150），居中。选择"矩形"工具，绘制一个矩形，填充灰色，选择"文字"工具，输入文字，字体为宋体，效果见图7-58。

图7-57 绘制斜线和直线

图7-58 产品展示分隔线

（16）将图7-58的图层（文字图层除外）进行合并，后面称之为"宝贝描述分隔线"。

（17）选择"圆角矩形"工具，设置圆角矩形工具属性，见图7-59。

图7-59 圆角矩形工具属性

（18）按下鼠标左键同时移动鼠标，绘制合适大小的圆角矩形，选择"图层"→"图层样式"→"投影"，弹出"图层样式"对话框，"投影"参数为默认值。选择"铅笔"工具，大小为1px，绘制一条直线。选择"橡皮"工具，大小为100px，硬度为0%，在直线的两端擦一下，效果见图7-60。

（19）打开素材"修饰配图1.jpg"文件，使用"橡皮"工具将白色背景擦除，效果见图7-61。

图7-60 绘制圆角矩形和直线

图7-61 擦除白色背景

（20）按照上述操作步骤，制作另一个展示框，保存文件为"牛奶宝贝详情模板.psd"，效果见图7-62。

图7-62　牛奶宝贝详情模板

2．设计海报情景图与关联区

（1）打开素材"草原图.jpg"文件，选择"矩形"工具，选取图像，复制。

（2）打开"牛奶宝贝详情模板.psd"文件，选择"图像"→"画布大小"，调整画布的高度，见图7-63。新建图层，选择"圆角矩形"工具，绘制一个圆角矩形，按<Ctrl+Enter>组合键，变成选区，选择"编辑"→"选择性粘贴"→"贴入"，按<Ctrl+T>组合键，调整图像大小，效果见图7-64。

图7-63　调整画布高度

图7-64　贴入草原背景

（3）打开素材"奶牛图.jpg"文件，将其移动到"牛奶宝贝详情模板.psd"文件，将此图层复制，调整图层位置，选择"橡皮"工具，大小为80px，硬度为0%，擦除两个图层四周，选择"图像"→"调整"→"亮度/对比度"，设置"亮度"为60，效果见图7-65。

（4）打开素材"优加1.jpg"文件，选择"多边形套索"工具，选取图像，将其移动到"牛奶宝贝详情模板.psd"文件，调整大小及位置。效果见图7-66。

图7-65　擦除调整奶牛图

图7-66　选取调整牛奶图

（5）打开素材"修饰配图5.jpg"文件，选择"通道"面板，复制"蓝"通道为"蓝副本"阿尔法通道（Alpha Channel），选择"图像"→"调整"→"反相"，使用"钢笔"工具，选取玻璃瓶路径，按<Ctrl+Enter>组合键，将其变成选区，按<Ctrl+Shift+I>组合键，反向，填充黑色。选择"图像"→"调整"→"色阶"，弹出"色阶"对话框，设置参数见图7-67。

（6）使用"画笔"工具将玻璃瓶中的牛奶部分涂成白色，单击"图层"面板，选择"选择"→"载入选区"，弹出"载入选区"对话框，设置对话框见图7-68，单击"确定"按钮。

（7）按<Ctrl+C>组合键，将选区复制到"牛奶宝贝详情模板.psd"文件中，新建图层，按<Ctrl+V>组合键，将选区粘贴到新图层中，调整图像大小和位置，效果见图7-69。

（8）选择"文字"工具，输入文字，字体为宋体，选择"图层"→"图层样式"→"描边"，弹出"图层样式"对话框，设置描边"大小"为3px，"颜色"为蓝色（R：1，G：50，B：127），效果见图7-70。

图7-67　调整色阶

图7-68　载入选区

图7-69　粘贴调整图像

图7-70　文字描边

（9）新建图层，选择"矩形"工具，绘制矩形，填充颜色（R：246，G：1，B：70），再绘制一个矩形，按<Delete>键删除白色背景，选择"文字"工具，输入文字，插入素材"咖啡专用调制乳.jpg"图片，效果见图7-71。

（10）按照上述操作步骤，制作其他几个关联图，效果见图7-72。

图7-71 制作关联图　　　　　　　　　图7-72 海报情景图与关联区

3．设计宝贝信息

（1）插入"宝贝描述分隔线"，选择"文字"工具，输入文字"宝贝信息"，字体为宋体。

（2）打开素材"优加2.jpg"文件，将图像复制到"牛奶宝贝详情模板.psd"文件中，选择"橡皮"工具，将图像的背景擦除，效果见图7-73。

（3）选择"圆角矩形"工具，半径为20px，绘制一个圆角矩形。选择"文字"工具，输入文字，字体为黑体，选择"移动"工具，按<Shift>键，选择相关图层，单击"水平居中对齐""垂直居中对齐""左对齐""水平居中分布"和"垂直居中分布"等，调整文字，效果见图7-74。

图7-73 擦除背景　　　　　　　　　图7-74 制作牛奶属性

（4）新建图层，按<Ctrl+R>组合键，打开标尺，将鼠标移到标尺上，按下鼠标左键移动鼠标，拖曳参考线，选择"圆角矩形"工具，半径为20px，绘制一个圆角矩形，按

<Ctrl+Enter>组合键，变成选区，选择"编辑"→"描边"，弹出"描边"对话框，设置"宽度"为1px，"颜色"为蓝色（R：28，G：59，B：141），居中。选择"铅笔"工具，大小为1px，硬度为100%，按<Shift>键，绘制表格直线。选择"文字"工具，输入文字，字体为黑体，效果见图7-75。

图7-75　制作表格

4．设计产品展示

（1）打开素材"优加3.jpg"文件，选择"多边形套索"工具，选取图像，将其移动到"牛奶宝贝详情模板.psd"文件中，选择"图像"→"调整"→"色相/饱和度"，弹出"色相/饱和度"对话框，设置对话框，见图7-76。

图7-76　调整色相/饱和度

（2）调整图像大小和位置，选择"文字"工具，输入文字，字体为黑体，效果见图7-77。

（3）按照上述操作步骤，制作其他几个产品展示，效果见图7-78。

（4）打开素材"学生图.jpg"文件，将其移动到"牛奶宝贝详情模板.psd"文件中，选择"编辑"→"自由变换"，调整图像大小和方向。选择"图层"→"图层样式"→"投影"，弹出"图层样式"对话框，设置"投影"参数为默认值。选择"图像"→"调整"→"色相/饱和度"，设置色相为"+15"，饱和度为"-25"。选择"文字"工具，输入文字，字体为黑体。

图7-77 制作产品展示

图7-78 制作其他产品展示

（5）按照上述操作步骤，制作另外两个人群图片和文字，效果见图7-79。

图7-79　适合人群

5．设计品牌介绍

（1）插入"宝贝描述分隔线"，选择"文字"工具，输入"品牌介绍"文字，字体为宋体。

（2）打开素材"企业介绍.jpg"文件，将其移动到"牛奶宝贝详情模板.psd"文件中，选择"编辑"→"自由变换"命令（或按<Ctrl+T>组合键），调整大小和位置。

（3）制作波浪底边。选择"矩形"工具，绘制一个矩形，使用"吸管"工具，吸取"企业介绍.jpg"背景蓝色，填充矩形，拖曳参考线，选择"钢笔"工具，绘制波浪形状的闭合路径，效果见图7-80。按<Ctrl+Enter>组合键，变成选区，按<Delete>键删除，效果见图7-81。

图7-80　绘制波浪形状闭合路径

图7-81 波浪底边

(4) 新建图层,选择"矩形"工具,绘制一个矩形,选择"编辑"→"描边"命令,弹出"描边"对话框,设置"宽度"为2px,"颜色"为蓝色(R:12,G:120,B:186)。选择"矩形"工具,绘制矩形,删除部分线段,选择"矩形"工具,绘制扁长矩形,填充深蓝色(R:28,G:59,B:141),选择"文字"工具,输入文字,字体为黑体,效果见图7-82。

图7-82 制作品牌标题

(5) 新建图层,选择"矩形"工具,绘制一个矩形,填充颜色(R:12,G:120,B:186)。打开素材"牛奶家族.jpg"文件,选择"矩形"工具,设置固定大小100px×100px,选取各个图标,移动到"牛奶宝贝详情模板.psd"文件中,调整大小和位置,效果见图7-83。

图7-83 制作品牌汇总图

6. 设计贴心售后

（1）选择"钢笔"工具，绘制一个绿色形状，选择"图层"→"图层样式"→"投影"，弹出"图层样式"对话框，设置"距离"和"大小"均为8px，其他参数为默认值，效果见图7-84。

图7-84 绘制多边形

（2）按照上述操作步骤，制作另外两个形状。选择"文字"工具，输入文字，字体为黑体，效果见图7-85。

（3）保存文件。

图7-85 制作售后须知

举一反三

"甜甜小点"食品网店进了一批核桃，现将核桃上架，需进行宝贝详情页设计。设计师与客户沟通后得到需求信息，见表7-4。

表7-4 "甜甜小点"食品网店客户需求信息

项　目	客　户　反　馈
消费人群	各类人群
核桃特点	天然、健康、绿色
关键信息	核桃、营养
详情页版面	海报情景图、宝贝信息、产品展示、品牌售后等
详情页尺寸	宽750px，高度不限（根据实际情况）
宝贝文案	简短、有消费吸引力

请根据以上客户需求信息，为该网店制作宝贝详情页（店家提供的商品图见资源包）。

任务评价

评价项目	自我评价（20分）		教师评价（80分）	
	分　值	评　分	分　值	评　分
版式设计	5分		20分	
针对客户要求进行设计	4分		16分	
颜色搭配	4分		16分	
文案提炼	4分		16分	
详情页的完成度	3分（未完成不得分）		12分（未完成不得分）	
	自我评价小计		教师评价小计	
综合评价：				

项目总结

　　漂亮美观的宝贝详情页不仅会为宝贝的介绍增色不少，并可在一定程度上延长买家的浏览时间，无形中会增加更多出售宝贝的机会。在制作的过程中，应注意以下原则：

　　（1）宝贝详情页就是店铺的形象页面，所以宝贝详情页的设计风格要与店铺的整体风格一致，色彩统一。

　　（2）为了让宝贝详情页面在浏览器上尽可能快地显示，建议不要在宝贝详情页中使用过多的大图。

　　（3）宝贝图片要清晰，宝贝描述要真实，不能与产品实际相差太多。

项目八 首焦海报设计

项目简介

本项目重点围绕着网店的首焦海报的制作过程展开学习。首焦海报处在旗舰店和淘宝店首页的关键位置，是树立网店品牌整体形象，聚焦消费者目光、延长停留时间的重要窗口。一张好的首焦海报能加强消费者对品牌的信赖程度，增强顾客购买欲望，营造良好的购物体验。首焦海报一般分为活动海报和产品海报两大类，活动海报可以告知新品上市、热销爆款和节日活动，目的在于促销宣传，烘托出网店品牌参与活动的节日气氛，起到锦上添花的作用。产品海报制作的目的在于针对某个热销产品的推广，加大产品的热销程度和销量，因此在制作的时候尤其要注重色彩、创意、构图三大关键要素。

项目目标

- 能够根据企业参与的营销主题来制作海报以实现其整体效果。
- 能够根据产品特点把握色彩、创意、构图三者的关系。
- 能够制作出产品主体突出、促销主题明确的首焦海报。

任务一 服装类网店首焦海报设计

任务介绍

本任务是为某服装网店制作以"双十一"为主题的促销海报，来迎合市场需求。要求学会制作过程中需要用到的通道抠图法，同时熟悉图层蒙版、文字的排版、文字特效的制作方法。了解海报制作需要考虑整体的色彩搭配效果，提高视觉的整体冲击力。

任务描述

某服装网店计划在"双十一"进行西服爆款产品促销活动，为了配合市场需要，现需制作服装首焦海报以扩大宣传和推广。设计师与客户沟通后得到需求信息，见表8-1。

表8-1 某服装网店客户需求信息

项　目	客　户　反　馈
消费人群	25～35岁男青年
服装风格	职业、挺括、有型
关键信息	西服爆款、"双十一"大促、全场5折
广告版面	突出产品和关键信息
海报广告尺寸	宽为1920px，高为960px
广告文案	简短，含"双十一"字眼及促销信息，能引起共鸣

同时，客户提供了部分照片素材，见图8-1。

图8-1 促销首焦海报素材

店铺为迎接"双十一"大促而设计的促销海报，主要是为了大力推进店铺爆款产品的促销，需要在双十一当天提高爆款产品的整体销量。要求：①首焦海报能够体现双十一的活动主题；②色彩搭配和谐统一，在背景上添加与产品相符、主题相关的装饰元素；③为了天猫网页需求，海报制作尺寸990（宽）px×960（高）px，添加辅助线后再将宽度调整为1920px；④文案自拟，强调卖点，抓住消费者心理。

第一步：服装网店首焦海报设计思路分析

（1）男性服装海报一般突出主体模特服装的亮点，体现男性的潇洒个性、刚强有型。

（2）根据黄金分割比例，如图8-2所示，将模特放在九宫格交叉醒目的位置，在排版设计上，可以选择左文右图或者左图右文等图文排版方式。

（3）促销文字是整个海报的重点，一般促销文案用于强调活动信息或产品卖点。接着可对中文字体和英文字体进行中轴线对齐，见图8-2左图。

（4）在色彩选择上，一般选择与服装服饰本身颜色差异不大的色彩或者同类色，以体现出男性稳重的特征，见图8-2右图，在中国传统节日"端午"字体周围添加圆形方块等装饰元素，丰富整体画面，可在整体构图上给人时尚大方的视觉感受。

图8-2 双十一促销首焦海报

> **知识加油站** 》》
>
> 在制作服装促销海报时，要注重模特穿着服装的整体感觉，选片时要选择展现模特气质、服装展示完整的素材，在制作背景时应使用与模特主体服装相近的色彩，使得整体色调更加统一。

试一试

请根据时尚中山装的服装特征，以及"双十一"主题的促销风格，从以下字体中选择一个最适合的首焦海报标题字体。

全场5折　　全场5折　　全场5折

第二步：操作实施

1. 安装素材字体

将素材中的字体文件"Vijaya" "方正粗雅宋简" "Kartika"复制并粘贴到"C:\Windows\Fonts"文件目录下。

> **经验分享** 》》
>
> 为体现男性服装的特性，符合产品特征，在选择字体时要体现出男性棱角分明、硬朗粗犷的性别特征。在字体排版时应体现男性大方稳重的特点，从而统一视觉形象。在构图上，根据画面要求，选择字体的对齐方式。

2. 新建画布大小

启动Photoshop软件，单击"文件"菜单，选中"新建"，创建一个空白画布，设置画布大小的宽度为990px、高度为960px、分辨率为72dpi。

3. 添加辅助线

按住组合键<Ctrl+r>调出标尺命令，在海报宽度的起始位置标出辅助参考线，见图8-3。

4. 扩展画布大小

按住组合键<Ctrl+Alt+C>，将画布的宽度改为1920px，见图8-4。

图8-3　标明辅助线

图8-4　修改画布宽度

知识链接

扩展画布宽度的目的在于使得画幅更宽，在视觉效果上视线更加开阔。添加辅助线则是为了将产品放置在海报正中间的位置。

5．素材褪底

（1）打开素材"人物.jpg"。

（2）通道抠图。打开通道面板，复制蓝色通道，按住<Ctrl+I>组合键，先对素材进行反相处理，接着用白色画笔工具将模特主体部分涂抹成白色，见图8-5。

操作贴士

<Ctrl+I>组合键表示反相，<Ctrl+Shift+I>组合键表示反选。用白色画笔涂抹人物主体部分的时候要注意服装的细节，涂抹边缘时将画笔调小，以免涂于服装边缘以外。

（3）置入海报画布。回到图层面板，将抠出的模特用选择工具拖曳至新建好的海报画布中，见图8-6。

　　图8-5　复制蓝色通道　　　　　　　　图8-6　将素材放置到画布中

（4）调亮模特。为了加强模特与背景之间的对比，按住组合键<Ctrl+M>，调出"曲线"面板，按住中心点向左上方拖曳，将模特儿整体明度调高，见图8-7。

图8-7　调亮模特明度

（5）填充背景。将前景色设置为RGB（22，4，16），按住组合键<Alt+Del>，将画布背景填充为前景色，见图8-8。

（6）褪白边。填充画面背景色后，发现模特周围有一圈白边，为了保证海报制作效果，需要对模特进行褪白边处理。按住快捷键<Ctrl>的同时单击模特所在图层，在菜单栏中执行"选择"—"修改"—"收缩"命令，将选区收缩一个像素，羽化反选后将白边删除，见图8-9。

图8-8　设置画布背景色

图8-9　去白边

小贴士 》》

以双十一为主题的主题海报需要营造零点的神秘感，因此在背景上以深紫色为主色调，同时暗色调可以与主体模特的服装色彩更好地融合在一起。

6. 素材调色

（1）调色相/饱和度。将星空素材用选择工具拖曳至画布中，使用色相/饱和度面板将背景调成紫红色，参数（70，14，0），效果见图8-10。

图8-10　调整背景色相/饱和度

（2）调整背景边缘。将调色后的图层复制，右键水平翻转，合并背景图层，添加图层蒙版，用黑色柔边画笔将星空背景的边缘部分涂抹，使得色彩过渡自然，见图8-11。

图8-11 拼合背景

7. 促销文字排版设计

（1）输入促销文字。输入"Zero Carnival"，选择字体类型为Vijaya；输入"全场折"，空出"5"的位置，选择字体类型为方正粗雅宋简；输入文字"5"，选择字体类型为方正粗雅宋简；输入"顺丰包邮 仅此 天"，空出"1"的位置，选择字体类型为黑体；输入"1"，选择字体类型为Kartika。将所有文字颜色填充为白色，最终效果见图8-12。

（2）添加装饰效果，强调主题。设置前景色RGB（153，27，28），用矩形工具拉一个红色矩形框。大小与文字对齐，缩小字体，调整图层位置，将红色矩形框放置在英文字体Zero Carnival下方，见图8-13。

（3）对齐文字。选中"顺丰包邮""仅此1天"与"全场5折"分别进行左右对齐，将"5"字基线上移，突出强调活动主题，见图8-14。

图8-12 输入文字　　图8-13 设置文字底框背景色　　图8-14 文字对齐及调整

> **小技巧 »»**
>
> 紫色的背景给人神秘的感受，需要强调的部分做特殊放大处理，在放大数字"5"的同时，在它周围添加钻石等素材，给人眼前一亮的感觉，可增加画面精致程度和视觉冲击力。

8. 给文字添加装饰效果

（1）绘制斜线。使用"直线形状"工具在"全"和"折"上分别添加两条斜线，增强动感，营造午夜紧张的购物氛围，给字体添加蒙版，将斜线外的文字进行遮盖，效果见图8-15。

（2）制作字体效果。为突出强调"5"字，给"5"做出斜面浮雕效果，浮雕效果可为"5"字添加立体的金属质感，浮雕参数见图8-16。

图8-15 添加斜线装饰

图8-16 "5"字浮雕效果

（3）添加装饰。在"5"字周围添加星星装饰背景，见图8-17。

图8-17 添加星星装饰

9．添加整体装饰效果

（1）添加素材装饰。在英文字体"Zero Carnival"上方添加钻石素材，接着在星空背景上添加飞翔物体的装饰效果，效果见图8-18。

图8-18 添加钻石及背景装饰

（2）添加字体投影。设置前景色背景为RGB（106，10，10），给整体文字添加背景矩形框，给文字添加投影效果，参数见图8-19。

图8-19 设置矩形图层样式

> **触类旁通** » »
>
> 用黑色画笔在蒙版中涂抹可以将画面不需要部分隐藏,用白色画笔可以恢复已经涂抹掉的部分。蒙版工具具有保留原始图片不被随意修改的作用。

> **操作贴士** » »
>
> 使用转换点工具,按住鼠标右键单击添加锚点,将锚点拖动,可以改变矩形的形状,按住<Ctrl>键可以拖动锚点。

(3)更改边框透明度。根据画面效果调整红色矩形的不透明度,并且描边,效果见图8-20。

图8-20 调整矩形

10. 添加双十一LOGO

(1)打开素材。打开双十一LOGO素材,拖曳至海报中,添加星星装饰元素,见

图8-21。

图8-21 添加双十一LOGO素材

（2）调整LOGO色调。将双十一LOGO制作成金色渐变色，复制同样的图层样式至"顺丰包邮，仅此1天"文字中，完成最终效果，见图8-22。

图8-22 整体效果

举一反三

某女装网店在换季阶段将进行清仓热销，为了配合商品促销，现需制作网店女装海报以扩大宣传和推广。设计师与客户沟通后得到需求信息，见表8-2。

表8-2 某女装网店客户需求信息

项　　目	客　户　反　馈
消费人群	20～30岁女性
服装风格	个性、新潮、时尚
关键信息	清仓、潮爆、折扣
海报版面	简洁、突出产品和关键信息
海报尺寸	宽为990px，高为400px
海报文案	简短、有消费吸引力

请根据以上客户需求信息，为该网店制作首焦海报图（店家提供的商品图见资源包）。

任务评价

评价项目	自我评价（20分）		教师评价（80分）	
	分值	评分	分值	评分
符合企业促销主题	6分		30分	
文字排版醒目、新颖	5分		20分	
色彩搭配美观	5分		18分	
画面完整	4分		12分	
	自我评价小计		教师评价小计	
综合评价：				

任务二 食品类网店首焦海报设计

任务介绍

本任务是学习如何制作扶农助农的农产品主题的食品类首焦海报。了解如何制作能突出强烈的购物氛围，达到视觉冲击力强、提升企业形象、提高农产品销量的效果。在制作过程中需要熟练运用到配色、排版以及动态FLASH制作技巧，并须掌握钢笔工具和图层蒙版的使用。

任务描述

"中渔远洋"是一家海鲜水产品品牌旗舰店，现要求在618年中大促时进行产品促销，为了配合市场扩展需要，需制作大礼包的首焦海报以扩大宣传和推广。设计师与客户沟通后得到需求信息，见表8-3。

表8-3 "中渔远洋"客户需求信息

项 目	客 户 反 馈
消费人群	32~50岁中老年
产品定位	送礼佳品
关键信息	年中大促、精美礼包
广告版面	突出产品和关键信息
首焦海报尺寸	宽为1920px，高为1000px
广告文案	简短有力，能引起共鸣

同时，客户提供了部分照片素材，见图8-23。

图8-23 部分照片素材

任务实施

第一步：设计思路分析

设计师针对客户反馈信息表进行设计思路分析：

（1）首焦海报需要突出产品文案信息，烘托出海鲜食品的高价值，以及礼包的精致感。

（2）根据产品本身色彩特征，在背景配色上选用蓝色同类色，添加了黄色进行对比色搭配，带来强烈的视觉冲击力，体现消费人群以及海鲜食品的风格特点。

（3）在单一的背景上添加海浪的底纹，既统一又不失变化，以飘洒的礼花为辅助，达到协调和装饰画面的效果，营造热烈的购物氛围。

（4）在广告文案上，根据简短、应节的要求，选用"精美礼包 年中大促"作为主标题，这样能引起消费者对潮流的憧憬，从而激发其购买欲望。

（5）礼包价格、精美包装是消费的关注点，因此在广告中应加入精美包装及价格等文案，体现产品的高价值。

知识加油站 》》

食品类网店首焦海报，消费者一般注重色彩的视觉冲击力，随着光感加入，产品更加灵动鲜艳，使消费者产生食之美味的联觉。构图简洁醒目，色彩搭配多为明度、纯度高的红色、蓝色、黄色等，色彩对比度高。

试一试

请根据食品类目海报促销风格，从以下字体中选择一个最适合的字体，并简述理由。

精美礼包年中大促　　精美礼包年中大促　　精美礼包年中大促

第二步：操作实施

1. 安装字体

将字体文件"造字工房力黑"及"Microsoft Sans Serif"复制并粘贴到"C:\Windows\Fonts"文件目录下。

小技巧 》》

在海报中的主标题字体选择上，为了达到视觉上的冲击力，笔画要个性、醒目，才能体现产品的现代感风格。"造字工房力黑"字体笔画粗壮有力，风格独特，与食品类目特点相符，也符合海报字体醒目的基本要求。

2. 新建文档

启动Photoshop软件，点击"文件"菜单，选中"新建"，创建一个空白画布，在弹出的参数设置对话框中，设置画布宽度为990px，高度为1000px。

3. 填充背景颜色

前景色设置为RGB(53,143,240)，背景色设置为RGB(251,223,18)。按住组合键<Alt+Del>，画出矩形，用前景色蓝色对画布背景的上半部分进行填充，见图8-24。

图8-24　填充背景颜色

4．将产品图褪底，放置在画面当中，调整产品图大小

在宽度0～990px处添加辅助线，按住<Ctrl+Del>组合键用背景色对画布下半部分进行填充，将画布宽度调整为1920px。将产品放置在画面中间的位置，见图8-25。

图8-25　添加辅助线、填充画布及放置产品

5．为产品绘制舞台效果

使用"椭圆"工具，绘制舞台，比产品所占面积稍大，放置于产品的下方，并对椭圆进行描边，将椭圆描上浅粉色边，参数见图8-26。

图8-26　绘制舞台效果

> **小贴士 》》**
>
> 根据产品整体造型添加细节装饰和光感，使产品包装能给人带来一种高贵的品质感受，丰富整体画面效果。增添立体的效果可以使得画面更有真实感和层次感，从而提升产品精致、美观的视觉享受和产品档次。

6. 制作舞台装饰效果

（1）使用"钢笔"工具添加圆柱形状，注意调节转角处弧度，添加圆柱效果，并复制两个圆柱效果，调整舞台圆柱的位置和整体画面大小，见图8-27。

图8-27　添加舞台圆柱效果

操作贴士 》》

在一个图层中制作出图层样式效果后，制作下一个图层类似效果时可以按住组合键<Ctrl+C><Ctrl+V>复制粘贴。

（2）为圆柱添加投影效果，参数见图8-28。

图8-28　添加投影效果

（3）添加舞台灯光效果，使用"椭圆"工具绘制浅黄色小圆，复制四个小圆，将它们进行等距离排列，并为小圆添加内阴影和内发光效果，见图8-29。

（4）在小圆上方绘制由短到长、长短不一的灯光叠加效果，改变图层不透明度，效果见图8-30。

图8-29　绘制舞台射灯小孔　　　　　　　图8-30　添加舞台灯光效果

（5）将灯光图层建组，复制四组灯光图层效果，粘贴至其余小孔上方，见图8-31。

（6）使用"钢笔"工具添加舞台帷幕效果，将前景色设置为大红色RGB（158，20，36），锁定图层不透明度像素，运用"画笔"工具，根据光照原理对帷幕的光线进行反复比较和涂抹，见图8-32。

图8-31　复制多束灯光效果　　　　　　　图8-32　绘制帷幕形状

小贴士 》》》

图层锁定不透明度像素，可对该图层内图形进行修改、变化而不影响其他图层效果。

（7）复制帷幕，移动至上方，对帷幕的形状进行变形，制作好左边图像后对其进行镜像对称，并在顶端添加帘幕，完成效果见图8-33。

图8-33　绘制帷幕整体效果

7．添加主题字体

（1）设置渐变色块为RGB（193，163，74）、RGB（255，235，75）的线性渐变，效果见图8-34。

图8-34 设置字体渐变效果

(2)添加海报标题"精美礼包年中大促",将字体设置为造字工房力黑,为字体添加渐变效果,对主题的字距及字号进行调整,在字体周围添加光束装饰效果,见图8-35。

(3)添加海报副标题,将主标题和副标题图层同时选中,并对文字进行居中对齐,见图8-36。

图8-35 添加主题

图8-36 添加副标题

触类旁通 》 》

对比色的应用可以使海报视觉冲击力更强,起到增强色彩表现力的作用,吸引消费者眼球。常见的对比色有黄和蓝、紫和绿、红和青等。

操作贴士 》 》

使用辅助线,反复对主题的横线竖线、字距行距进行对比,观察主题的整体结构和比例是否美观,随时进行调整。

8. 制作背景效果

为蓝色背景添加波浪图案底纹,将波浪图案定义为"图案",在"图案叠加"图层样式中调整图案大小,并根据画面效果调整图案的不透明度。在蓝色背景上绘制两条斜线并加上立体投影,为背景制作出肌理效果,为黄色图层添加投影效果。在产品主体的四周添加礼花装饰元素,在舞台底座添加渐变光线效果,在舞台上方加入两条交叉光束带,营造空间的真实感和热烈的购物氛围,见图8-37。

9. 制作FLASH动画效果

在"窗口"菜单栏下方选中"时间轴"命令,新建一个空白帧后,复制所选帧,设置FLASH每一帧动画时间为"0.1s",动画循环为"永远",动画效果与灯光图层一一对应,依次点开每个图层的眼睛图标,见图8-38。

图8-37 添加背景装饰

10. 保存图片格式为GIF格式

在"文件"菜单栏下方单击"存储为web所用格式"命令,弹出对话框后在选框中选择"GIF格式",单击"存储",将图片存储为"仅限图像格式"。

11. 最终效果图展示

海鲜食品类目首焦海报最终效果图,见图8-39。

项目八
首焦海报设计

图8-38 添加FLASH动画效果

图8-39 海鲜食品类目首焦海报

143

举一反三

"蓝妹冰啤"将要进行夏季上市促销活动,现需制作网店首焦海报以扩大宣传和推广。设计师与客户沟通后得到需求信息,见表8-4。

表8-4 "蓝妹冰啤"客户需求信息

项　目	客　户　反　馈
消费人群	普通家庭与个人
食品特点	冰爽
关键信息	冰山、凉爽
广告版面	简洁、新颖
首焦海报尺寸	宽为990px,高为480px
广告文案	简短,有季节特征和消费吸引力

请根据以上客户需求信息,为该网店制作首焦海报(店家提供的商品图见资源包)。

任务评价

评价项目	自我评价(20分)		教师评价(80分)	
	分　值	评　分	分　值	评　分
符合企业促销主题	6分		30分	
文字排版醒目、新颖	5分		20分	
色彩搭配美观	5分		18分	
画面完整	4分		12分	
	自我评价小计		教师评价小计	
综合评价:				

项目总结

对于网店而言,好的首焦海报不仅能够营造购物氛围,加强顾客的购物体验,还可以加深顾客对店铺的印象,对店铺的风格及产品的特性,起到宣传的作用。在制作的过程中,应注意以下原则:

(1)注意首焦海报的尺寸,天猫网建议海报尺寸为990px×600px,京东网建议海报尺寸为990px×600px,淘宝网建议海报尺寸为950px×600px,但在实际应用中高度可根据网店特性进行设计。

(2)首焦海报的设计一定要针对主题进行,把握住目标消费群体的需求,所选产品要表现亮点和优势。

(3)色彩搭配及文字排版风格要符合网店经营的项目或宝贝特征。

项目九 页尾设计

项目简介

本项目是围绕网店的页尾设计展开学习。网店的页尾能使网店的页面结构更加完整,利用好页尾可以为网店起到很好的分流作用。网店页尾必须符合网店的风格,色彩要与网页保持一致。页尾中应设计顾客方便操作的链接按钮和网店的公告信息等。本项目将为服装和食品两类网店设计制作网页页尾,这两种产品类型在网店中具有一定的普遍性和代表性。

项目目标

- 能读懂客户反馈信息。
- 能根据客户反馈信息进行网页页尾设计。
- 能结合顾客的操作需求设计操作方便的链接按钮。
- 能使用"文字"工具、"形状"工具等绘制辅助图形。

任务一 服装类网页页尾设计

任务介绍

本任务是为服装类网店制作网页页尾。通过使用"渐变"工具、"选框"工具、"橡皮"工具等设计制作页尾的背景,使用"椭圆"工具、"文字"工具、"自定形状"工具设计制作页尾中的"返回首页""返回顶端"和"收藏店铺"三个超链接按钮,同时使用"文字"工具、"自定形状"工具等设计制作页尾的主体部分。

任务描述

某女装网店现征集网店页尾的设计。设计师与客户沟通后得到需求信息,见表9-1。

表9-1 某女装网店客户需求信息

项 目	客 户 反 馈
消费人群	25~35岁女性
网店风格	优雅、高贵、柔和
关键信息	售后保障、发货须知
页尾版面	功能按钮、售后信息、物流信息等
页尾尺寸	750px×300px
页尾文案	贴心、真实

任务实施

第一步：设计思路分析

设计师针对客户反馈信息表进行设计思路分析：

（1）设计女装网店页尾，选择素材"花"点缀页面，既能体现女性美，也能体现画面的美。页面以粉偏紫为主色调，象征女性的温柔、高贵、优雅等特征。

（2）页尾的开头三个不同功能的按钮采用不同的颜色，既能突出功能的不同，也能显示页面的亮丽活泼、不呆板。

（3）页面字体统一，排版整齐，标题中的重要文字用页面的颜色进行标注，来强化要传递给顾客的信息。

（4）在标题中配上寓意相同的小图标，比文字形式更能吸引人的注意。

（5）页尾文案应是网店公告信息和售后信息，给顾客贴心感受，增强顾客的信任感。

> **小贴士**
>
> 设计网页时，将大部分的精力放在网页头部设计上，这是无可厚非的，因为网页头部是顾客一打开就看到的，有着相当重要的作用。但是忽略页尾的设计也不是一个好的设计，我们应该注重页尾的设计。网页页尾发挥着增加店铺的宣传渠道、建立买家对店铺的信任感等作用。

> **知识加油站**
>
> 网页是互联网中最基本的信息单位，是构成网站的基本元素，是把文字、图形、声音及动画等各种多媒体信息相互链接起来的一种信息表达方式，是承载各种网站应用的平台。

试一试

请根据网页页尾的制作要求，来试着制作服装类的网页页尾。制作前先设计好网页页尾的布局结构，以及它所具有的功能。

第二步：操作实施

1. 新建文档

启动Photoshop软件，单击"文件"菜单，选中"新建"，在弹出的参数设置对话框中，将单位设置为"像素"，设置宽为750，高为300，见图9-1。

2. 设计背景

（1）选择"渐变"工具，设置颜色①（R：252，G：222，B：227）；②（R：254，G：242，B：255），见图9-2，按下鼠标左键同时移动鼠标填充渐变颜色，效果见图9-3。

（2）打开素材"背景1.jpg"文件，将其移动到"女装网页页尾设计"文档中，选择"编辑"→"自由变换"，调整大小和位置，选择"橡皮"工具，大小为150px，硬度为0%，涂擦图片，效果见图9-4。

（3）按照上述操作步骤，完成左侧花的制作，效果见图9-5。

（4）新建图层，选择"矩形"工具，绘制一个矩形，填充颜色（R：230，G：92，B：126），效果见图9-6。

图9-1　新建文档

图9-2　渐变编辑器

图9-3　填充渐变色

图9-4　调整擦除花朵

图9-5　复制调整花朵

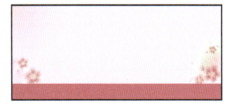

图9-6　制作底边

3．设计三个功能按钮

（1）设置前景色为R：159，G：183，B：65，选择"椭圆"工具，设置"椭圆"工具属性见图9-7，按<Shift>键，按下鼠标左键同时移动鼠标绘制正圆，效果见图9-8。

（2）按照上述操作步骤，绘制另外两个圆，效果见图9-9。

图9-7　设置形状属性

图9-8　制作绿圆　　　　　　　　图9-9　另外两个圆

（3）选择"文字"工具，输入文字"返回首页""返回顶端""收藏店铺"，效果见图9-10。

（4）设置前景色为白色，选择"自定形状"工具，绘制形状，选择"编辑"→"变换路径"→"旋转90°（逆时针）"，调整大小和位置，效果见图9-11。

图9-10　输入按钮文字　　　　　图9-11　绘制按钮标志

（5）按照上述操作步骤，绘制形状和，效果见图9-12。

（6）选中形状的图层，选择"图层"→"栅格化"→"形状"，选择"矩形"工具，绘制一个矩形，按<Delete>键删除，效果见图9-13。

图9-12　另外两个标志　　　　　图9-13　修改标志

4．设计主体

（1）新建图层，选择"铅笔"工具，设置"画笔"工具面板的属性见图9-14。

（2）设置前景色为深灰色，按<Shift>键，绘制虚直线，效果见图9-15。

（3）选择"文字"工具，输入文字，效果见图9-16。

（4）设置前景色为深灰色，选择"自定形状"工具，绘制形状。

（5）新建图层，选择"矩形"工具，绘制一个矩形，按<Shift>键，按下鼠标左键同时移动鼠标添加选区，见图9-17，填充深灰色，选择"自定形状"工具，绘制路径，按<Ctrl+Enter>组合键，变成选区，按<Delete>键删除，效果见图9-18。

图9-15　绘制虚直线

图9-14　设置画笔属性

图9-16　输入主体文字

图9-17　绘制相机选框　　图9-18　制作相机图标

（6）打开"货车图标.gif"文件，选择"矩形"工具，选取图像移动到"女装网页页尾设计"文档中，选择"魔棒"工具，容差为10，单击白色区域，按<Delete>键删除，按<Ctrl>键，单击"缩略图"，创建货车图标选区，填充深灰色。网页页尾制作完成，效果见图9-19。

图9-19　网页页尾

某男童装网店现征集网页页尾。设计师与客户沟通后得到需求信息，见表9-2。

表9-2 某男童装网店客户需求信息

项 目	客 户 反 馈
消费人群	6~14岁男童
网店风格	清新、可爱
关键信息	店铺公告、关于色差、发货须知、退换须知
页尾版面	功能按钮、售前售后联系按钮、公告信息等
页尾尺寸	750px×300px
页尾文案	贴心、真实

请根据以上客户反馈信息，为该网店制作网页页尾。

任务评价

评价项目	自我评价（20分）		教师评价（80分）	
	分 值	评 分	分 值	评 分
版式设计	5分		20分	
针对客户要求进行设计	4分		16分	
颜色搭配	4分		16分	
文案提炼	4分		16分	
页尾的完成度	3分（未完成不得分）		12分（未完成不得分）	
	自我评价小计		教师评价小计	
综合评价：				

任务二　食品类网页页尾设计

任务介绍

本任务是为食品类网店设计、制作网页页尾。了解如何使用"钢笔"工具、"选框"工具、滤镜等设计制作页尾的背景，使用"文字"工具等设计制作页尾中"返回首页""新品发布""活动专区""收藏本店""回到顶部"的超链接和客服联系接口，使用"文字"工具、"自定形状"工具等设计制作页尾的主体部分。

任务描述

某食品网店现征集网页页尾。设计师与客户沟通后得到需求信息，见表9-3。

表9-3 某食品网店客户需求信息

项 目	客 户 反 馈
消费人群	普通家庭
网店风格	休闲、田园风格
关键信息	关于色差、快递、售后
页尾版面	网店公告信息、客服联系按钮、功能超链接
页尾尺寸	750px×300px
页尾文案	贴心、真实

第一步：设计思路分析

设计师针对客户反馈信息表进行设计思路分析：

（1）网页页尾的设计采用休闲田园风格，以绿色为主色调。左边是隐隐约约、重叠的山脉，通过一条蜿蜒的小路延伸到远方，右边是一张长椅和水果及树叶，是一个休闲、让人平静的场所。

（2）网页页尾的主体部分分为四个模块：店铺公告、关于色差、关于快递、关于售后。字体统一，每个模块插入标志性的图标。主体的下面是客服联系接口，便于顾客与卖家联系。

（3）网页页尾填充绿色，在绿色背景上面是白色的文字，可以超链接到不同的网页。

> **小贴士 》 》**
>
> 网页页尾的设计越来越显得重要，页尾的设计添加一些功能性的按钮和有趣的内容，可以提升用户的互动体验，让网页变得更有趣味。页尾的设计应简单明了，尽量避免混乱，坚决避免不必要的元素，且页尾内容要进行分类组织，便于买家的浏览。页尾设计留白的效果也很重要，留白能分割出不同的区块，起到划分不同区域的作用。

> **知识加油站 》 》**
>
> 网页的风格是指网页给浏览者的整体形象，包括站点的CI（标志、色彩和字体）、版面布局、浏览方式、交互性、文字、内容等。确定网页风格后，要对网页的布局进行整体规划，常见的网页布局有"国"字形布局、"匡"字形布局、"三"字形布局、"川"字形布局、标题文本型布局、框架型布局等。

试一试　请根据网页页尾的制作要求，尝试制作下列食品类的网页页尾。确定网页设计的风格，根据风格收集整理素材，制作网页页尾。

第二步：操作实施

1. 新建文档

启动Photoshop软件，单击"文件"菜单，选中"新建"，在弹出的参数设置对话框中，将单位设置为"像素"，设置宽为750，高为300，见图9-20。

图9-20　新建文档

2. 设计背景

（1）新建图层，设置前景色为R：235，G：255，B：198；选择"油漆桶"工具填充颜色（或按<Alt+Delete>组合键）。

（2）打开素材"山脉图.jpg"文件，将其移动到"食品类网页页尾设计"文档中，选择"编辑"→"变换"→"水平翻转"，调整大小和位置，选择"滤镜"→"模糊"→"高斯模糊"，半径为1.0，执行两次。选择"橡皮"工具，大小为400px，硬度为0%，涂擦图片，效果见图9-21。

（3）打开素材"长椅图.jpg"文件，将其移动到"食品类网页页尾设计"文档中，选择"编辑"→"自由变换"，调整大小和位置，选择"橡皮"工具，大小为150px，硬度为0%，涂擦图片，复制草坪，效果见图9-22。

图9-21　编辑山脉图

图9-22　调整复制草坪

（4）新建图层，选择"矩形"工具，绘制一个矩形，填充颜色R：96，G：137，B：28，效果见图9-23。

（5）制作小路。新建图层，选择"钢笔"工具，绘制一个弯曲闭合路径，按<Ctrl+Enter>组合键，变成选区，填充颜色R：219，G：240，B：178，效果见图9-24。

图9-23　制作底边

图9-24　制作小路

（6）制作指示杆。新建图层，选择"矩形"工具，绘制一个矩形，填充渐变颜色R：210，G：180，B：142至R：168，G：130，B：92，效果见图9-25。

（7）制作标牌。设置前景色R：184，G：141，B：98，选择"钢笔"工具，绘制一个标牌形状，效果见图9-26。

图9-25　制作指示杆

图9-26　制作标牌

（8）按照上述操作步骤，绘制其他几个标牌，选择"文字"工具，输入文字"植物园""农家乐""果园""游乐场"，字体为黑体，效果见图9-27。

图9-27　指示标牌

3．设计主体

（1）新建图层，选择"铅笔"工具，设置"画笔"工具面板的属性，见图9-28。

（2）设置前景色R：96，G：137，B：28，按<Shift>键，绘制三条虚直线，效果见图9-29。

图9-28　设置画笔属性

图9-29　绘制虚直线

（3）选择"文字"工具，输入文字，字体为黑体，效果见图9-30。

（4）设置前景色为灰色，选择"自定形状"工具，绘制两个形状，选中一个形状，选择"编辑"→"变换路径"→"水平翻转"，调整位置，选择"图层"→"栅格化"→"形状"，按<Ctrl>键，单击另一个形状的缩略图，选择"选择"→"修改"→"扩展"，1px→按<Delete>键删除，效果见图9-31。

（5）选择"自定形状"工具，绘制形状，新建图层，选择"钢笔"工具，绘制梯形路径，按<Ctrl+Enter>组合键，变成选区，填充灰色，效果见图9-32。

（6）选择"自定形状"工具，绘制形状，使用同样的方法，绘制形状，设置前景色为白色，选择"文字"工具，输入"7"字，效果见图9-33。

图9-30 输入主体文字

图9-31 制作公告图标

图9-32 制作色差图标

图9-33 制作另外两个图标

（7）设置前景色R：67，G：107，B：1，选择"文字"工具，大小为14，输入文字，字体为黑体，效果见图9-34。

（8）打开素材"旺旺图标.jpg"文件，选择"钢笔"工具，选出"旺旺图标"的路径，按<Ctrl+Enter>组合键，变成选区，选择"移动"工具，将其移动到"食品类网页页尾设计.psd"文件中，效果见图9-35。

图9-34 输入客服文字

图9-35 编辑旺旺图标

（9）选择"文字"工具，输入文字"返回首页""新品发布""活动专区""收藏本店"和"回到顶部"，字体为黑体。新建图层，选择"铅笔"工具，大小为1px，在文字之间绘制白色直线，效果见图9-36。网页页尾制作完成，效果见图9-37。

图9-36 输入分流链接文字

图9-37 网页页尾最终效果

举一反三

某食品网店现征集网页页尾。设计师与客户沟通后得到需求信息，见表9-4。

表9-4 某食品网店客户需求信息

项　目	客　户　反　馈
消费人群	中高收入家庭
网店风格	高端、华丽、快乐
关键信息	售后保障、实物拍摄、发货须知
页尾版面	功能按钮、网店公告信息、客服联系按钮
页尾尺寸	750px×300px
页尾文案	贴心、真实

请根据以上客户需求信息，为该网店制作网页页尾。

任务评价

评价项目	自我评价（20分）		教师评价（80分）	
	分　值	评　分	分　值	评　分
版式设计	5分		20分	
针对客户要求进行设计	4分		16分	
颜色搭配	4分		16分	
文案提炼	4分		16分	
页尾的完成度	3分（未完成不得分）		12分（未完成不得分）	
	自我评价小计		教师评价小计	

综合评价：

项目总结

为了使网店页面的结构完整，页面的页尾不可缺少。在制作的过程中，应注意以下原则：

（1）网页页尾的设计应与页面的整体风格、主题及色彩保持一致。

（2）网页页尾的内容可以添加售后服务、7天无理由退换货、发货须知、购物流程、友情链接、客服联系方式、关于我们等。

项目十 综合实战——首页整体效果图设计

项目简介

本项目重点围绕数码产品、母婴产品及化妆品的首页设计与制作展开学习。在综合实战中,分别完成了网站首页、网店首页及无线端首页的设计三个任务。首页内容主要围绕京东618年中大促、双十一等活动展开,目的是使学生掌握网站首页的组成及布局,明确美工岗位的任务及职责,熟悉淘宝的常见活动类型,以及无线端首页布局、常用的图片类型及规格等。

项目目标

- 能读懂客户反馈信息。
- 能根据客户反馈信息进行网站首页、PC端活动首页、无线端活动首页设计。
- 掌握不同类目产品的网页色彩搭配规律。
- 能够结合活动主题进行活动首页氛围营造。
- 能综合应用Photoshop制作完整页面。

任务一 制作数码产品类网站

任务介绍

本任务是为数码产品类网站设计制作首页。通过本任务的学习,学生应能运用合理的排版布局,设计出具有网站特色的首页。在制作过程中,用到较多的知识点是矩形形状的绘制与复制、对齐等操作,剪贴组的使用,文字的字体、大小以及颜色的灵活变化等。同时,还要能通过绘制不规则形状、修改不透明度等操作来完成不同分区的背景底纹。

任务描述

"数码生活商城"主营手机通信、计算机配件、数码摄影三大类的主流品牌产品,现需要对该网站首页进行全面改版。设计师和客户沟通后得到需求信息,见表10-1。

表10-1 "数码生活商城"客户需求信息

项　　目	客　户　反　馈
网站名称	数码生活商城
主营产品	手机通信、计算机配件、数码摄影
整体风格	大气、简约、突出产品品质、体现科技感
广告产品	手机
商品分类	手机通信、计算机整机、摄影摄像、DIY组装机、智能设备、生活家电
网站要求	便于浏览、方便客户快速找到需要的产品、突出网站活动和优惠
消费者保障	先行赔付、正品保障、无忧退换、发票保障、快递包邮、急速发货

同时，客户提供了主要产品照片、价格、相关参数（店铺活动内容等信息见资源包）。

任务实施

网站首页是一个网站的入口网页，一般被认为具有目录性质。因此，网站首页应该易于消费者了解该网站主营产品、整体风格等信息，可读性强、便于阅读，并引导消费者浏览网站其他部分的内容。

第一步：网站首页设计思路分析

设计师针对客户需求信息表对网站首页进行规划：

1. 首页布局

（1）首页自上向下共分为六大版块：顶部、导航区、广告区、活动区、分类区以及底部。网站首页整体效果及页面布局见图10-1。

（2）顶部、导航区、广告区采用半透明不规则三角形叠放背景，搭配数码产品的金属质感，营造大气、时尚的氛围。

（3）活动区商品分类尽量细化，方便顾客快速找到需要的产品，再搭配几款主推产品和店铺主要活动，采用拼图的形式进行排版。

（4）分类区按照产品分为三个模块：1F、2F、3F。每个模块都有相应的活动区、热门推荐产品、更细化的分类选项，方便顾客了解优惠活动、热销产品，根据产品分类、产品品牌等多种浏览习惯进行阅读。

（5）底部展示消费者保障、购物须知等内容，体现网站的资质和服务。同时，针对目前手机端成交远高于PC端的特点，用二维码引导顾客下载数码生活商城APP，对手机端应用进行推广。

2. 网站配色

由于本网站经营的主要是数码产品，所以采用的是蓝白色调系列，再加上橘、红、黄色的搭配，既能体现出产品的高端品质及科技感，又使画面更加富有生气，给人一种朝气蓬勃、与时俱进的感觉。

3. 技术处理

本任务中使用较多的知识点包括以下几个：

（1）绘制大小不同的矩形做基底层，创建剪贴组，如顶部、导航区、广告区效果的制作，就是将半透明不规则三角形和这三个区域不同的小的矩形创建为剪贴组。

（2）利用"钢笔"工具绘制不同的形状，填充不同的颜色，通过修改不透明度等参数，完成不同的背景制作，如顶部、导航区、广告区的半透明三角形绘制及1F、2F、3F

的活动区三角形绘制。

（3）利用图层样式制作文字的渐变、投影等效果。

（4）利用图层蒙版对产品进行抠图。

（5）通过文字的字体、大小及颜色的灵活应用，对每个区域进行有效的排版和布局。

图10-1　网站首页布局

第二步：操作实施

设计师与客户沟通设计思路后形成可行的实施方案，以下为操作步骤。

一、新建文档

新建文件，名称为"数码网站首页"，设置自定义尺寸为1600px×3186px；背景为白色，其他取默认值。

二、顶部制作

1. 三角形纹理制作

（1）绘制矩形形状，大小设为1600px×110px，无描边，蓝色填充：#1e9ae4。

（2）使用"钢笔"工具绘制不规划三角形形状，无描边，蓝色填充：#1a8de1，并创建剪贴组。

（3）同样的方法绘制不同大小、形状的不规则三角形，填充不同深浅的蓝色，颜色代码分别为：#35a4e7、#25b2eb、#21a4e7、#26b4eb、#23ace9、#2bc5f0、#21a3e7、#26b3eb、#1b90e1，并创建剪贴组，绘制效果见图10-2。

图10-2　顶部三角形纹理制作效果

2. LOGO制作

（1）通过椭圆形选区相减，完成月牙形状选区的绘制，填充黑色。

（2）为形状添加斜面浮雕及颜色叠加效果，参数设置见图10-3、图10-4。

图10-3　斜面和浮雕参数设置

图10-4　颜色叠加参数设置

> **小技巧》》**
>
> 蓝色矩形在作为顶部背景的同时，作为剪贴组的基底层，可以控制所绘制的三角形纹理的边缘区域；对于所绘制的三角形，通过改变其不透明度，也可以达到不同的颜色效果。
>
> 通过添加"斜面浮雕"图层样式，可以为绘制对象创建立体效果，而"颜色叠加"样式的设置，可以创建不同的颜色效果。

（3）通过旋转复制、更改叠加颜色，完成LOGO的制作，见图10-5。

图10-5　完整LOGO效果

> **小贴士》》**
>
> 图形的旋转复制操作具体如下：
> （1）变形：按组合键<Ctrl+T>，设置旋转中心、旋转角度及缩放比例等。
> （2）复制并重复操作：按<Ctrl+Alt+Shift+T>键。

三、导航区制作

1. 背景纹理制作

（1）绘制矩形形状，大小设为1600px×40px，无描边，深灰色填充：#2e3135。

（2）使用"钢笔"工具绘制多个不规则三角形形状，分别为黑色和白色填充，调整各个三角形不同的透明度，并创建剪贴组。绘制效果见图10-6。

图10-6　导航区三角形纹理

2. 右侧红色部分制作

（1）使用"钢笔"工具绘制红色区域路径，见图10-7。

（2）单击图层面板底部的"创建新的填充或调整图层"按钮，选择"渐变"，在对话框中设置为"#fa2c2d"到"#c50404"的线性渐变，对话框见图10-8。

图10-7　红色区域路径　　　　图10-8　渐变填充对话框

（3）同样使用"钢笔"工具绘制两个类似的形状图层，颜色分别为"#e01819"和"#490403"制作红色部分的阴影，并将以上各层创建为剪贴组。效果见图10-9。

图10-9　红色区域完成效果

3. 输入文字，绘制心形等图标

（1）输入"首页""手机""计算机整机""便携式计算机""平板电脑"等文字，颜色为白色，在深色背景上能够凸显出来。

（2）利用"自定形状"工具完成"心形""房子"两个图标的绘制。导航区局部效果见图10-10。

图10-10　导航区局部效果图

四、广告区制作

（1）绘制矩形形状，大小设为1600px×450px，无描边，蓝色填充：#0c53bb，作为整个广告区剪贴组的基底层。

（2）背景纹理绘制径向渐变的矩形，以及不同透明度和不同形状的白色三角形。效果见图10-11。

图10-11　广告区背景图

（3）将"手机"素材图片置入到文件中，使用"魔棒"工具选择素材白色背景，创建选区，添加蒙版，实现抠图效果。

（4）利用"矩形"工具绘制红色矩形，并输入广告区文字，设置合适的字体、字号、颜色，完成广告区制作。效果见图10-12。

图10-12　广告区效果图

五、活动区及分类区制作

1. 整体背景制作

（1）绘制白色矩形形状，大小为1200px×2713px，同背景层水平居中对齐。

（2）获取白色矩形选区，设置羽化值：15~20，在白色矩形图层下面新建图层，添加黑白线性渐变，为白色矩形创建阴影效果。效果见图10-13。

图10-13　添加的阴影效果图

（3）利用"钢笔"工具，分别绘制不同颜色的形状图层，制作矩形图层下方左右两侧的装饰效果，完成背景绘制。效果见图10-14、图10-15。

图10-14 矩形左侧装饰　　　　　　　图10-15 矩形右侧装饰

2. 商品分类列表制作

（1）利用"矩形"工具，绘制商品分类列表背景。

（2）同样使用"矩形"工具，绘制两条细线，制作分类中的分割线条效果，并复制多条分割线。效果见图10-16。

（3）输入文字，宋体、白色、14点，消除锯齿的方法：无。效果见图10-17。

图10-16 商品分类列表背景及分割线　　　　图10-17 商品分类列表整体效果

3. 活动专区制作

（1）背景：利用"矩形"工具绘制各个活动专区背景区域，并利用"渐变"工具填充相应的背景色。

（2）抠图：由于所提供素材、背景均为白色，可置入图片后，使用"魔棒"工具选择白色背景区域，添加黑色蒙版，完成不同图片的抠图效果。

（3）阴影：为了增加产品的立体感，可在产品的相应位置，通过柔角画笔，绘制与背景色相近的区域，作为相应产品的投影，如"5折优惠购买"区的各个产品。

（4）投影：手机的镜面投影，可通过复制图层、垂直翻转、降低不透明度等操作完成，并通过图层蒙版控制其显示区域。

（5）在不同的位置输入文字，并设置文字的属性。活动专区效果见图10-18。

图10-18　活动专区效果图

4．今日推荐制作

（1）使用"矩形"工具绘制各个背景色块。

（2）输入文字并设置文字属性。

（3）使用"自定形状"工具，绘制"时钟"效果。今日推荐区效果见图10-19。

图10-19　活动专区效果图

5．分类区制作

对于分类区，只对手机通信类左侧的活动区背景的制作加以说明：

（1）绘制蓝色矩形形状作为背景，同时作为剪贴组的基底层，颜色：#2e84ee，大小为360px×420px。

（2）绘制多个宽度不同的白色矩形形状，降低其不透明度，并以上面创建的蓝色矩形做基底层，创建剪贴组，效果见图10-20。

（3）绘制大小、颜色不同的圆，并且创建剪贴组，效果见图10-21。

图10-20　绘制线条效果图

图10-21　绘制不同的圆形效果图

（4）选择"自定形状"工具，绘制矩形平行线条，效果见图10-22。

（5）再次选择"椭圆"工具，并在选项栏中选择"与形状区域相交"命令，绘制圆形，参数及效果见图10-23、图10-24。

图10-22 矩形平行线效果　　　　图10-23 选项栏参数　　　　图10-24 取交集后的效果

（6）绘制大小、颜色不同的自定形状，效果见图10-25。

（7）用"钢笔"工具绘制不同的三角形状，设置不同的填充色，效果见图10-26。

图10-25 自定形状绘制效果　　　　　　图10-26 绘制不规则三角形状后的效果

六、底部制作

（1）绘制不同大小的矩形形状，填充相应的颜色，作为底部背景。

（2）设置不同的字体、大小及颜色，输入相应的文字。

（3）运用"椭圆"工具设置相应的描边大小及颜色、无填充色，完成相应的圆形绘制。

（4）通过复制等操作，完成数码商城底部的制作。效果见图10-27。

图10-27 网站底部效果

七、保存文件

（1）按组合键<Ctrl+S>保存文档为PSD格式。

（2）按组合键<Ctrl+Shift+S>保存文档为JPEG格式。

举一反三

随着电子商务的不断发展，某数码企业为了扩大经营，需要制作网上购物独立网站，现需要对网站首页进行设计。设计师与客户沟通后得到需求信息，见表10-2。

表10-2 某数码企业网店客户需求信息

项　目	客户反馈
网站名称	黑色科技
主营产品	手机配件、小型家电、计算机配件
整体风格	大气、简约、突出产品品质、体现科技感
广告产品	游戏便携式计算机
商品分类	手机通信、计算机整机、摄影摄像、DIY组装机、智能设备、生活家电
网站要求	便于浏览、方便客户快速找到需要的产品、突出网站活动和优惠
消费者保障	先行赔付、正品保障、无忧退换、发票保障、快递包邮、急速发货

请根据以上客户需求信息，为该网站进行首页模块布局设计（绘制页面布局草图，参考图10-1）。

任务评价

评价项目	自我评价（20分）		教师评价（80分）	
	分　值	评　分	分　值	评　分
页面元素完整	6分		24分	
页面布局合理、美观	5分		20分	
页面配色准确	4分		16分	
制作效果好	5分		20分	
	自我评价小计		教师评价小计	

综合评价：

任务二　母婴产品类双十一首页设计

任务介绍

本任务是设计制作母婴产品类网店的首页。通过双十一活动的首页改版设计，学生应明确活动的常见表现手法、促销手段等。在制作过程中,用到较多的知识点仍然是矩形形状的绘制与复制、对齐等操作,图层蒙版、剪贴组的使用,文字的字体、大小及颜色的灵活变化等,以及不同背景的绘制和图层样式的运用等。

任务描述

"爱贝贝"是一家经营多年的母婴产品类网店。双十一即将来临,需要对店铺首页进行改版,营造双十一网购狂欢节日气氛。设计师与客户沟通后得到需求信息,见表10-3。

表10-3 "爱贝贝"网店客户需求信息

项目	客户反馈
店铺定位	母婴类产品天猫店铺
店铺特色	品类全、品牌多、品质保证,100%正品
主营产品	奶粉、服饰、奶瓶、纸尿裤、洗护、宝妈用品
消费人群	以宝妈为主的带娃族
营造氛围	好礼送不停、购物大狂欢、母婴囤货节
店铺活动	优惠券、买就送、超值推荐、双十一特惠单品
整体尺寸	宽为1920px,高自定义

同时,客户提供了双十一店铺活动内容(主要产品照片、价格,超值推荐产品等信息见资源包)。

任务实施

第一步:网店首页设计思路分析

1. 首页布局

(1)本网店首页自上向下共分为五大版块:店招、导航区、广告区、活动区及底部,其中活动区又进一步细分为优惠券活动区、礼品区、超值推荐区及特惠专区四种促销活动分区。

(2)因为是迎接双十一的活动,所以网店首页以活动区为主体,为了营造节日气氛,分别在店招、导航条等区域添加了双十一活动链接,在广告区推出了主打产品,在活动区设置了"双十一"活动口号,甚至在特惠专区进行了主图打标。

(3)关于各种活动的文字表述清晰、不模糊、无歧义,可以让客户无忧购物,不会被欺骗。

(4)为了迎合活动区口号,在网页的各个区域都放置了礼物盒图标。网站首页整体效果及页面布局见图10-28。

图10-28 网店首页布局

> **小贴士** 》》
>
> 　　常见的促销手段包括：优惠券、满额赠、爆款单品、限时抢购、几折起、幸运大抽奖、买几赠几、包邮、主图打标等。
> 　　还可以在店招、广告区、首页、详情页、主图及无线端的店招及首页等设置直通车、钻石展位、推广图片制作等。

2．网店首页配色

　　由于本网店经营的是母婴产品，所以采用的是纯度较高的多种颜色的搭配，既给人一种母亲般温馨、安全的感觉，又体现出婴儿般活泼、生动的气息，更给顾客营造了一种喜庆、热烈的节日气氛及可信赖感。

3．技术处理

本任务中涉及以下几个较常用的技术处理方法：

（1）利用波浪滤镜快速制作波浪线效果。

（2）利用矩形的变形及颜色亮度的变化，制作立体图形效果，如"购买就送精品好礼"礼品展台制作。

（3）通过图形的旋转、复制与变形及"Ctrl+T""Ctrl+Alt+T""Ctrl+Alt+Shift+T"等快捷操作，快速对图形进行连续变形及复制操作，如广告区的光射线制作。

（4）利用"图层样式"的"混合选项"进行抠图，如广告区白云图层的抠图效果。

第二步：操作实施

设计师与客户沟通设计思路后形成可行的实施方案，以下为操作步骤。

一、新建文件

新建文件"母婴双十一.psd"，设置自定义尺寸为1920px×5226px，其他取默认值。

二、添加辅助线

分别在横坐标360px、465px、1455px、1560px处拖动四条垂直辅助线。

> **小贴士** 》》
>
> 　　通常，淘宝首页宽度为950px，天猫首页宽度为990px，为了美观，一般都将首页设为全屏宽度1920px，为了兼容不同分辨率的显示器，通常将网页的有效范围设置在990～1200px，店招及导航条的宽度设为990px。

三、店招制作

1．背景制作

（1）绘制矩形形状，大小设为1920px×123px，无描边，玫红色填充：#ff426a。

（2）使用"钢笔"工具依次绘制三个不同形状的三角形，无描边，黄色填充：#fdc901，并同上面的矩形创建剪贴组。

2．网店LOGO的制作

（1）用"自定形状"工具绘制两个大小不同的心形形状，无描边，白色填充：#ffffff。

（2）获取两个形状的交集选区，创建新图层，填充与矩形形状相同的背景色：#ff426a；链接三个图层，完成效果及图层效果见图10-29、图10-30。

图10-29 心形效果图

图10-30 图层效果

（3）爱贝贝：华康娃娃体W5，40点，白色，平滑。

（4）LOVE BABY：华康龙门石碑体W9，20点，白色，平滑。

（5）有爱相伴，为爱而生：黑体，14点，白色，平滑。

3．素材的添加

（1）置入相应的图片素材，缩放至合适的大小，通过图层蒙版完成抠图，注意它们的摆放位置及图层顺序。

（2）相关图层进行链接。

4．文字的输入

（1）钜惠双十一：华康海报体W12，34点，红色：#f20124，平滑。

（2）母婴囤货大作战：华康海报体W12，34点，红色：#f20124，平滑。

5．其他

（1）渐变矩形条的绘制：绘制矩形，填充白色透明线性渐变，效果及参数设置见图10-31、图10-32。

图10-31 渐变矩形条效果图　　　　　图10-32 渐变填充参数设置

（2）"正、藏"字背景制作：

1）绘制矩形形状，大小为31px×31px，无描边，蓝色填充：#2e68af。

2）创建图层，绘制矩形选区，大小为30px×30px，填充灰白灰的填充渐变。

3）激活选区，将选区收缩1px大小后，删除选中部分，得到渐变矩形框效果。

4）分别输入文字"正、藏"，设为黑体，19点，白色，平滑。

（3）正品保障，Genulne，收藏我们，Book Mark：黑体，14点，白色，平滑。

（4）链接相应的图层。

> **小贴士 》》**
>
> 不同图层对象的交集选区的创建：
>
> （1）按<Ctrl>键，同时单击图层缩略图，获得一个图层的选区。
>
> （2）按<Ctrl+Alt+Shift>组合键，同时单击另一图层缩略图，获得两个图层对象的交集选区。

> **小技巧** 》》
>
> 通过对多个图层设置链接，可以把它们作为一个整体，以便于调整它们的大小，保证这几个图层上的图形对象的相对位置不变、缩放比例相同。

四、导航区制作

（1）绘制矩形形状，大小设为1920px×30px，无描边，蓝色填充：#2697f7。

（2）绘制矩形形状，大小设为217px×40px，无描边，紫色填充：#a10cb7。

（3）置入素材文件001，通过选区工具获取"双11全球狂欢节"文字选区，并调整至合适的大小及位置，创建图层，填充白色，并删除素材文件。

（4）输入导航条中的文字："所有商品""首页""贝亲专场"……设为宋体、14点、白色填充。

（5）在文字"首页"的位置绘制矩形形状，大小为58px×30px，玫红色填充：#f81131，无描边，并调整图层顺序。

（6）在文字"关注我们"的位置绘制矩形形状，大小为95px×30px，黄色填充：#f0ff00，无描边，并调整图层顺序。导航条整体效果见图10-33。

图10-33　导航条整体效果

五、广告区制作

1. 背景制作

（1）在导航条下方绘制矩形形状，蓝白线性渐变填充，大小为1920px×715px。

（2）打开素材文件006，将之复制到当前图层之上，调整至合适的位置并创建剪贴组。

（3）双击图层缩略图，打开图层样式对话框，在"混合颜色带"下拉列表中选择蓝色，按住<Alt>键向左拖动本图层右侧的滑块，使本图层的蓝色变浅，同下层融为一体，参数设置见图10-34，混合效果见图10-35。

图10-34　图层混合参数设置

项目十
综合实战——首页整体效果图设计

图10-35　图层混合效果

（4）新建图层，绘制矩形选区，填充白色，旋转并复制白色矩形，生成放射状效果，设置图层的不透明度为66%，创建剪贴组，绘制效果见图10-36。

图10-36　白色矩形呈放射状效果

（5）使用"钢笔"工具绘制不同的形状，填充不同的颜色，完成效果见图10-37。

图10-37　绘制不同的形状效果

2. 文字的输入

（1）好礼送不停点亮11.11：设为华康海报体W12、110点、白色、平滑。设置外发光效果。

（2）全店满599减50 上不封顶：设为华康娃娃体W5、36点、黄色：#f7ec09、平滑，并复制上面的外发光图层样式。文字效果见图10-38。

图10-38　输入文字后的效果

> **操作贴士》》**
>
> 在对矩形条做旋转复制时,按组合键<Ctrl+Alt+T>,可以将矩形条原位复制,并可调整其旋转中心及旋转角度,按住<ALT>键可精确拖动中心点至合适位置;按组合键<Ctrl+Alt+Shift+T>可重复操作。

3. 素材的添加

(1)用"钢笔"工具绘制多个不规则形状,黄色填充:#f9c401,添加相同的投影,效果见图10-39。

图10-39 绘制不规则形状

(2)置入相应的素材文件,调整至合适的大小及位置,通过图层蒙版完成抠图,注意图层的顺序。

(3)使用"椭圆"工具绘制大小不同的圆,填充不同的颜色,无描边。广告区最终完成效果见图10-40。

图10-40 广告区最终效果

六、活动区制作

(一)优惠券活动区制作

1. 背景制作

(1)绘制矩形形状,大小为1920px×540px,黄色填充:#fecc0d,并通过添加锚点,调整形状,完成效果见图10-41。

图10-41 绘制矩形形状效果

（2）复制该图层并进行栅格化处理，再添加波浪形扭曲滤镜，参数设置见图10-42，向下移动图层对象至合适位置后，合并图层，添加投影效果，投影颜色为暗红色：#cc2147，其他参数设置及完成效果见图10-43、图10-44。

图10-42　"波浪"滤镜参数设置

图10-43　添加投影效果参数设置

图10-44　添加投影后效果

> **小技巧》》**
>
> 绘制矩形形状后，选中路径，通过"钢笔"工具添加锚点，调整锚点位置，可以使图形产生变形效果。

2. 优惠券制作

（1）新建图层，创建矩形选区大小为370px×145px，填充白色。

（2）选择选区选项栏中"与选区交叉"按钮后，创建适当大小选区，填充暗红色：#da5a06。

（3）选择橡皮擦工具，按功能键<F5>打开"画笔"对话框，调整笔触大小及间距后，按住<Shift>键沿矩形块向右侧拖动，完成优惠券右侧锯齿的绘制。

（4）输入文字，并设置相应的字体、大小及颜色。

（5）绘制矩形路径，大小为360px×15px，选中路径，添加锚点，修改路径形状，效果见图10-45。

（6）将路径转换为选区，设置羽化值为5，创建图层，填充黑色，设置图层的不透明度为40%，完成优惠券阴影的制作，效果见图10-46。

图10-45　修改路径形状　　　　　　图10-46　优惠券绘制效果

（7）调整图层及图层对象的位置，优惠券整体制作效果见图10-47。

图10-47　优惠券整体制作效果

（8）以同样的操作，完成其他优惠券的制作。

3. 其他文字的输入

先领券再购物：设为华康海报体W12，67点，深红色：#da5a06，平滑，添加白色描边及投影。

> **小技巧》》**
>
> 　　通过绘制选区、羽化、填充颜色、设置不透明度，手动完成阴影效果的制作，从而达到事倍功半的效果。

（二）礼品区制作

1. 背景制作

（1）绘制矩形形状，大小为1920px×730px，填充玫色：#ffaa2b7。

（2）复制该图层并进行栅格化处理，再添加波浪形扭曲滤镜，向下移动图层对象至合适位置后，合并图层，添加投影效果，投影颜色为深蓝色：#056cc4。背景效果见图10-48。

图10-48　礼品区背景效果

2. 形状绘制

（1）绘制矩形形状，大小为390px×55px，填充紫红色：#db284e，无描边。

（2）复制该图层，调整图层对象的位置，透视变形，并修改填充色：#ff426a，完成商品展台制作，效果见图10-49。

（3）通过复制等操作，完成其他两组商品展台的制作。

（4）绘制圆角矩形形状，大小为350px×50px，圆角半径为10px，红色填充：

#ff426a。

（5）为矩形形状添加描边、渐变叠加及投影等图层样式，效果见图10-50。

图10-49　商品展台效果

图10-50　圆角矩形制作效果

（6）通过复制等操作，完成其他两组圆角矩形的制作。

3. 礼品的添加

置入相应的素材文件，调整至合适的大小及位置，通过图层蒙版完成抠图。

4. 文字的输入

（1）婴儿护理湿巾80抽×1包，软胶沙滩玩具10件套装，婴儿洗衣液1.2L×3瓶：设为黑体，33点，白色，平滑。

（2）单笔订单实付满218元，单笔订单实付满438元，单笔订单实付满658元：华康俪金黑体W8，34点，白色，平滑。

（3）购买就送精品好礼：华康海报体W12，67点，深蓝色：#6b448f，平滑，并添加大小为6px的白色描边。礼品区整体制作效果见图10-51。

图10-51　礼品区整体制作效果

（三）超值推荐区制作

1. 用礼品区背景制作的方法制作超值推荐区背景

2. 标题制作

（1）超值推荐：华康娃娃体W5，72点，火红色：#ff426a，平滑，并添加大小为3px的白色描边。

（2）超值推荐产品不再参加其他双十一活动：黑体，30点，纯黑色，平滑。

（3）双11全球狂欢节：同导航条中"双11全球狂欢节"的制作。

（4）绘制圆角矩形形状，大小为750px×90px，圆角半径为10px，无填充，白色描边，大小为2px，栅格化矩形形状，并擦除部分区域，完成效果见图10-52。

图10-52　超值推荐区标题效果

3. 下部广告1区的制作

（1）绘制矩形形状，大小为590px×300px，无描边，淡粉色填充：# ef5f0。

（2）复制该图层，并将矩形形状原位缩小至565px×270px，作为剪贴组的基底层。

（3）用"钢笔"工具绘制不规则形状，填充线性渐变，并创建剪贴组。

（4）复制该图层，修改渐变填充颜色，调整至合适位置，创建剪贴组，见图10-53。

（5）置入相应的素材，缩放至合适的大小，调整位置，图层蒙版抠图，完成素材的添加。

（6）输入相应的文字，设置不同的字体、大小、颜色及图层样式等，完成广告1区的制作，效果见图10-54。

图10-53　广告1区背景效果

图10-54　广告1区整体制作效果

4. 下部广告2区的制作

（1）绘制矩形形状，大小为590px×300px，无描边，淡粉色填充：# ef5f0。

（2）绘制矩形选区，大小为565px×270px，填充径向渐变，效果见图10-55。

（3）继续绘制矩形选区，大小为565px×72px，填充径向渐变，创建剪贴组，效果见图10-56。

图10-55　广告2区背景效果（1）

图10-56　广告2区背景效果（2）

（4）创建白色矩形形状，设为半透明，复制若干个，对齐，平均分布后，合并图层，并复制该图层，生成图层副本，对该图层创建剪贴组。

（5）选中图层副本，对其进行透视变形，创建剪贴组，效果见图10-57。

（6）置入相应的素材文件007、016、017，缩放至合适的大小，并调整其位置及图层顺序，通过图层蒙版完成抠图，完成效果见图10-58。

图10-57　广告2区背景效果（3）

图10-58　广告2区添加素材效果

广告3区制作比较简单，这里不做说明，下面直接进入广告4区的制作。

（7）通过柔角画笔，在三个素材所在图层的下面为其绘制阴影，并创建剪贴组，效果见图10-59。

（8）为活动区添加文字，效果见图10-60。

图10-59　广告2区素材添加阴影效果

图10-60　广告2区添加文字效果

（9）使用圆形画笔，通过叠加完成白色云朵的绘制，并添加斜面浮雕和阴影效果，再通过复制、缩放完成多个云朵的绘制，效果见图10-61。

图10-61　广告2区添加云朵后效果

（10）绘制两个相交的圆形形状，设置"与形状区域相交"完成月亮的绘制，并设置斜面浮雕及投影样式，完成效果见图10-62、图10-63。

（11）使用"自定形状"工具及"矩形"工具完成五星形状的绘制，并设置斜面浮雕及投影效果，参数设置同月亮，调整图层的顺序，并创建剪贴组。广告2区完成效果见图10-64。

图10-62　绘制月亮　　图10-63　月亮的最终效果　　图10-64　广告2区完成效果

小技巧 》》

为产品绘制阴影，可增强立体感，使效果更逼真。

一个基底层可以为多个连续的内容层创建剪贴组。

5. 下部广告4区的制作

（1）绘制矩形形状，大小为590px×300px，无描边，淡粉色填充：# ef5f0。

（2）复制该图层，并将矩形形状原位缩小至565px×270px，作为剪贴组的基底层，填充蓝色线性渐变，效果见图10-65。

（3）置入素材文件028，栅格化图层，完成效果见图10-66。

图10-65　广告4区背景效果

图10-66　木质素材效果图

（4）复制该图层，调整新图层对象的位置、透视变形，并对这两个图层创建剪贴组，效果见图10-67、图10-68。

图10-67　木质素材透视效果

图10-68　木质素材创建剪贴组后效果

（5）绘制蓝色矩形条，置入童车素材，缩放至合适大小，调整其位置，通过图层蒙版完成抠图，用柔角画笔绘制童车的阴影效果，并调整图层的顺序，完成效果见图10-69。

（6）添加其他素材，输入文字，设置相应的字体、大小及颜色，完成广告4区的制作，效果见图10-70。

图10-69　添加童车效果

图10-70　广告4区完成效果

经验分享同上 》》

通过曲线调整木质的明暗度，可使图像效果更逼真。

（四）特惠专区制作

（1）背景及顶部文字的制作与超值推荐区的制作相似。

（2）通过文字等工具完成一款主图的制作后，通过复制图层组，修改相应的产品素材及产品名称、价格等文字，即可完成其他主图的制作。

（3）选项栏中的"对齐""分布"按钮同样可以实现图层组的分布与对齐操作，见图10-71。

图10-71　特惠专区部分效果

七、底部制作

（1）新建图层，绘制矩形选区，填充相应的颜色。
（2）使用"文字"工具设置不同的字体、大小及颜色，完成文字的输入。
（3）使用"矩形"工具，完成矩形框的绘制，见图10-72。

图10-72　底部效果图

八、礼盒的制作

（1）置入相应的素材文件，调整至合适的大小及位置，通过图层蒙版完成抠图。
（2）降低图层透明度，完成礼盒的添加，注意图层的顺序。

九、保存文件

（1）按组合键<Ctrl+S>保存文档为PSD格式。
（2）按组合键<Ctrl+Shift+S>保存文档为JPEG格式。

举一反三

某母婴类产品网站，需要在双十一活动期间对首页进行设计，营造购物狂欢节日气氛。设计师与客户沟通后得到需求信息，见表10-4。

表10-4　某母婴类产品网站客户需求信息

项　目	客　户　反　馈
店铺定位	母婴类产品天猫店铺
店铺特色	品类全、品牌多、品质保证，100%正品
主营产品	牙膏牙刷、洗护用品、婴幼儿服饰
消费人群	以宝妈为主的带娃族
营造氛围	给宝贝一个完美的童年
店铺活动	优惠券、满就送、限时抢购
整体尺寸	宽为1920px，高自定义

请根据以上客户需求信息，为该网站进行首页模块布局设计（绘制页面布局图，参考图10-28）。

任务评价

评价项目	自我评价（20分）		教师评价（80分）	
	分　值	评　分	分　值	评　分
页面元素完整	6分		24分	
页面布局合理、美观	5分		20分	
页面配色准确	4分		16分	
制作效果好	5分		20分	
	自我评价小计		教师评价小计	
综合评价：				

任务三　化妆品类618无线首页设计制作

任务介绍

随着移动设备的逐渐普及，无线端网购已经成为人们最主要的购物手段之一，因此本任务是通过制作618年中大促的网店首页装修，进一步掌握相关活动的页面布局及常用的促销手段，使整个无线端的页面设计既符合产品的特点，又能满足客户的夏日需求，更要达到网店的促销目的。在制作过程中，用到较多的知识点仍然是不同形状的绘制，图层的复制、对齐等操作；图层蒙版、剪贴组的使用；文字的字体、大小及颜色的灵活变化等；画笔及图层样式的运用等。

任务描述

某化妆品网店要在618年中大促中推出以防晒系列为主打的产品促销活动，为了配合618活动，需要对手机端首页进行设计。店主对美工提出设计要求：网店采用多种促销手段，让客户感受到实实在在的优惠；页面在保持清晰美观、方便客户浏览的同时，也要让客户感受到丝丝凉爽，从而提高购买率。设计师与客户沟通后得到需求信息，见表10-5。

表10-5 某化妆品网店客户需求信息

项 目	客 户 反 馈
店铺定位	美妆类产品手机端店铺
店铺特色	品类齐全，100%正品
主营产品	洁肤、护肤、彩妆、防晒等
消费人群	所有年龄段的爱美女性
营造氛围	夏日购物、清爽舒适、防晒主题
店铺活动	优惠券、"双十一"特惠单品、部分产品买三送一
店招尺寸	宽为750px，高为254px
首页整体尺寸	宽为608px，高自定义

同时，客户提供了618年中大促店铺活动内容（主要产品照片、价格等信息见资源包）。

任务实施

第一步：网店首页设计思路分析

设计师针对客户反馈信息表进行设计思路分析：

1. 首页布局

（1）本网店将店招设计为750px×254px，首页设计为608px×4560px。

（2）本网店首页自上而下共分为四大版块：店招、首焦海报、活动区及底部。其中，店招单独作为一个文件，活动区又分为优惠券、特别推荐、防晒专区、买三送一四个促销区，每个活动分区都统一用醒目的拱形形状来突出主题，让人一目了然。首焦海报中"陪你度夏"四个字，给人一种温馨的感觉，让你情不自禁地进入购物状态，珊瑚、海螺等素材的添加，仿佛让你置身于海底世界，在炎炎夏日中绝对是一种享受。

（3）因为6月18日正处于夏日，又是一个电商盛会，所以本次活动主推防晒系列产品，采用了优惠券、买就送、主图打标等促销手段，无处不在的"618年中狂欢节"字眼更是在时刻提醒客户"买到就是赚到"。

（4）首页底部的制作效果，正好同店招做了首尾呼应。店招及无线首页整体效果及页面布局见图10-73。

> **小贴士 》》**
>
> 　　无线端想要高销量，不仅是做好无线端推广引流的问题，还有就是店铺能够留住用户，所以卖家在日常无线端的装修上面也要花点功夫。首页就是引流和达成转化成交的第一步。我们需要通过店铺真实成交量及生意参谋等辅助性软件对店内产品进行分析并决定首页的排布。页面风格的定位主要的目的是吸引消费者目光、迎合大多买家的审美以及给自己的产品定位。

图10-73　无线首页布局

2．网店首页配色

由于本网店经营的是化妆品，活动正值夏天，所以采用的是蓝白色系，给人一种大海一样凉爽的感觉。同时，背景采用水彩画的颜色效果，正好给人一种化妆的感觉，再加上深深浅浅的红、黄色相搭，表现的是一种丰富多彩的生活感。

3．技术处理

本任务中使用较多的知识点包括以下几个：

（1）用水彩画笔绘制水彩效果背景，要结合画笔的不透明度、流量、颜色等属性设置，重复铺色，达到真实的水彩画效果。

（2）利用文字工具及路径文字，输入"——"，方便快速地制作虚线效果。

（3）制作产品的倒影，要注意产品底部的衔接与变形，才不会出现产品悬空的现象，使倒影更加真实。

（4）利用不同明度的色块，可以制作出立体效果，如产品的展台、"防晒专区"等标题效果等。

（5）注意选择相同风格的素材图片，营造整体夏日度假水彩风格。

第二步：操作实施

设计师与客户沟通设计思路后形成可行的实施方案，以下为操作步骤。

一、店招制作

（1）新建文件：化妆品618店招，设置自定义尺寸为750px×254px；背景色为白色，其他取默认值。

（2）选择"画笔"工具，在工具选项栏中载入"湿介质画笔"，参数及类型选择见图10-74、图10-75。

图10-74 画笔参数设置

图10-75 画笔类型选择

（3）新建图层，选择"粗头水彩笔"，将间距设置为0，通过更改画笔的笔触大小、硬度、颜色、透明度、流量等，在新图层上反复涂抹，绘制背景底色。

（4）选择菜单"滤镜"→"杂色"→"添加杂色"，在弹出的对话框中设置数量为2%，高斯分布，单色，为背景添加杂点。参数设置及效果见图10-76、图10-77。

图10-76 杂色滤镜参数设置

图10-77 店招背景制作效果

(5)打开素材文件001、002、003,利用多种选区工具分别选取"珊瑚""贝壳""螃蟹"等图形,复制到当前文件中,并调整至合适的大小及位置,注意图层的排列顺序。

(6)打开素材文件004,利用多种选区工具选取"6.18理想生活狂欢节",复制到当前文件中,并调整至合适的大小及位置,注意图层的排列顺序。

(7)为当前图层添加"颜色叠加"及"描边"样式,叠加颜色设置为红色:#fa607a,描边颜色为白色,大小为2px。效果见图10-78。

图10-78　店招整体效果

二、首页制作

1. 首焦海报制作

(1)新建文件"化妆品618首页",设置自定义尺寸为608px×4560px;背景色为白色,其他取默认值。

(2)在380px的位置新建一条水平参考线,参数设置见图10-79。

> **经验分享同上** » »
>
> 　　在380px的水平参考线以上制作首焦海报效果,利用参考线准确控制每一部分的尺寸及位置。整体效果完成后也要借助参考线进行切图。以下每一部分的制作都将新建参考线。

(3)置入素材文件005,调整至合适大小及位置,注意图层的排列顺序。

(4)打开素材文件004,利用多种选区工具选取"6.18理想生活狂欢节",复制到当前文件中,调整至合适大小及位置,注意图层的排列顺序。

(5)为当前图层添加"颜色叠加"样式,叠加颜色设置为红色:#fa607a,效果见图10-80。

图10-79　参考线位置设置

图10-80　素材文件004制作效果

（6）分四个图层分别输入文字"陪""你""度""夏"，设为华康简综艺体，红色：#fa607a，其中"陪""夏"大小为100px，"你""度"大小为72px。

（7）栅格化"陪""夏"两个图层，并分别进行透视变形，效果见图10-81。

图10-81　输入文字后效果（1）

（8）使用"钢笔"工具沿着"陪你度夏"文字边缘绘制一个黑色形状图层，以同样的方法在黑色形状图层下方绘制一个稍大一点的蓝色"2b89e1"形状图层，效果见图10-82。

图10-82　输入文字后效果（2）

（9）输入文字"开启你的夏日理想生活"，设为华康娃娃体W5，25点，白色，并添加3px大小的黑色描边。

（10）绘制黑色圆角矩形，圆角半径为30px，输入文字"防晒大作战　折后再优惠"，设为华康俪金黑体W8（P），21点，白色。

（11）创建新组"首焦海报"，将以上各图层移动到"首焦海报"组内。完成首焦海报制作，效果见图10-83。

图10-83　输入文字后效果（3）

2．"6.18"标题制作

（1）在532px的位置新建一条水平参考线。

（2）在"首焦海报"组上方创建新组，命名为"背景"。在组内新建图层，命名为"背景1"。

（3）按照制作店招背景的方法，选择"粗头水彩笔"，将间距设置为0，通过更改画笔的笔触大小、硬度、颜色、透明度、流量等，在"背景1"图层上反复涂抹，绘制背景底色，效果见图10-84。

（4）打开素材文件004，利用多种选区工具选取"6.18理想生活狂欢节"，复制到当前文件中，调整至合适的大小及位置，注意图层的排列顺序。

（5）为当前图层添加"颜色叠加"样式，叠加颜色设置为白色，效果见图10-85。

图10-84　标题背景制作效果　　　　　　　图10-85　添加标题后效果

3. 优惠券制作

（1）在684px的位置新建一条水平参考线。

（2）打开素材文件002，利用多种选区工具分别选取"救生圈"图形，复制到当前文件中，调整至合适的大小及位置，注意图层的排列顺序。

（3）输入文字"先领券再购物"，设为华康俪金黑体W8，24点，白色，并添加3px大小的描边，蓝色：#0e74a4，效果见图10-86。

（4）新建图层，绘制矩形选区，填充白色。

（5）利用"橡皮"工具，选择"粗头水彩笔"，将间距设置为0，在白色矩形图层边缘进行擦除。

（6）打开素材文件001，利用多种选区工具分别选取"海螺""贝壳"图形，复制到当前文件中，并调整至合适大小及位置，注意图层的排列顺序。

（7）输入文字"10"，设为华康雅宋体W9，72点，红色：#fa607a；输入文字"全场满199元使用"，设为黑体，15点，灰色：#9f9f9f，效果见图10-87。

图10-86　"先领券再购物"效果　　　　　图10-87　单张优惠券效果

（8）通过复制完成其他优惠券的制作，并利用前面的制作方法，完成"贝壳""海螺"的添加，效果见图10-88。

图10-88　优惠券整体效果

4. "特别推荐"标题制作

（1）在836px的位置新建一条水平参考线。

（2）绘制矩形形状，大小为724px×56px，玫红色填充：#fa607a，并通过添加锚点调整矩形形状，效果见图10-89。

（3）用"钢笔"工具绘制不规则形状，玫红色填充：#e23350，效果见图10-90。

图10-89　变形后的矩形形状　　　　　　　　图10-90　绘制不规则形状

（4）用"钢笔"工具绘制形状图层，深红色填充：#be0f2c。

（5）复制以上两个图层，并水平翻转，调整图层的排列顺序。

（6）复制以上多个形状图层并合并图层，修改为白色填充，调整图层的排列顺序。

（7）打开素材文件004，利用多种选区工具选取"6.18"，复制到当前文件中，并调整至合适的大小及位置，注意图层的排列顺序。

（8）为当前图层添加"颜色叠加"样式，叠加颜色设为白色。

（9）用"钢笔"工具绘制弧线，沿着弧线输入文字"特别推荐"，设为华康海报体W12（P），36点，白色，效果见图10-91。

图10-91　特别推荐最终效果

5. 特别推荐产品制作

（1）在1140px的位置新建一条水平参考线。

（2）绘制圆角矩形形状，大小为565px×188px，圆角半径为100px，蓝色填充：#3b8fdb。

（3）绘制另一个圆角矩形形状，比蓝色圆角矩形稍小，圆角半径为100px，无填充，白色虚线描边，描边宽度为1点。

（4）利用"钢笔"工具绘制四个四边形形状，并按照效果图填充颜色，制作商品展示台。

（5）打开素材文件002、003，利用多种选区工具分别选取"珊瑚""螃蟹"图形，复制到当前文件中，调整至合适的大小及位置，注意图层的排列顺序，效果见图10-92。

图10-92　添加素材后效果

（6）将素材文件006拖动到当前文件中，用"钢笔"工具对化妆品进行抠图，并利用图层蒙版隐藏图片白色背景。

（7）复制当前图层，右击该图层，选择"栅格化图层"，选中该图层蒙版，右击图层蒙版，选择"应用图层蒙版"，并垂直翻转该图层，移动到相应的位置。

（8）选中该图层，按组合键<Ctrl+T>后，单击鼠标右键，在快捷菜单中选择"变形"，对图形进行变形，使其更符合投影规律。设置效果见图10-93、图10-94。

图10-93 素材变形设置

图10-94 素材变形效果

（9）为该图层添加图层蒙版，从上到下填充白色到黑色的线性渐变，并将图层透明度更改为20%。

（10）绘制圆角矩形形状，大小为80px×60px，圆角半径为5px，填充红色：#fa607a，使用"钢笔"工具将形状更改为上方直角、下方圆角的形状。

（11）为当前图层添加"投影"样式，并适当地调整投影参数，效果见图10-95。

（12）打开素材文件004，利用多种选区工具分别选取"6.18""狂欢节"图形，复制到当前文件中，并调整至合适的大小及位置，注意图层的排列顺序。

（13）为"6.18"和"狂欢节"两个图层添加"颜色叠加"样式，叠加颜色为白色，效果见图10-96。

图10-95 添加投影样式后效果

图10-96 设置颜色叠加后效果

（14）绘制圆角矩形形状，大小为146px×30px，圆角半径为3px，并对图层添加"渐变叠加"样式，叠加颜色为#faf4d9到#fac393的线性渐变，角度为90°，效果见图10-97。

（15）绘制圆角矩形形状，大小为71px×23px，圆角半径为3px，并对图层添加"渐变叠加"样式，叠加颜色为#f8555d到#c8334f的线性渐变，角度为90°，效果见图10-98。

图10-97 渐变叠加效果（1）

图10-98 渐变叠加效果（2）

（16）输入文字"自然堂雪域精粹纯粹滋润乳液""¥150""立即抢购"，并按照效果图设置字体、字号、颜色等，效果见图10-99。

（17）通过复制图层，并修改相应的产品、文字、价格等操作，完成效果见图10-100。

图10-99 输入文字后效果

图10-100 特别推荐产品制作效果

6. 防晒专区栏目标题制作

（1）在1900px的位置新建一条水平参考线。

（2）新建图层，按照制作店招背景的方法，选择"粗头水彩笔"，将间距设置为0，通过更改画笔的笔触大小、硬度、颜色、透明度、流量等，在图层上反复涂抹，绘制背景底色，大约绘制1500px的高度。

（3）复制"特别推荐"标题制作"防晒专区"中的多个图层，进行相应的文字修改，完成防晒专区标题制作，效果见图10-101。

图10-101 防晒专区标题制作

7. 首页防晒专区产品制作

（1）分别在2280px、2660px、3040px的位置新建三条水平参考线。

（2）绘制圆角矩形形状，大小为285px×362px，圆角半径为5px，白色填充。

（3）绘制矩形形状，大小为272px×272px，白色填充。

（4）置入素材文件009，调整至合适的大小及位置，创建剪贴组。

（5）绘制椭圆形状，大小为72px×72px，玫红色填充：#fa607a。复制"特别推荐产品"制作中的"6.18"和"狂欢节"两个图层到当前位置，并调整至合适的大小及位置，效果见图10-102。

（6）用"特别推荐产品"中的操作方法，完成价格标签的制作。

（7）输入产品名称"安热沙防晒露+润白修护防晒乳"，设为宋体，16点，黑色。

（8）打开素材文件002，利用多种选区工具分别选取"海螺"图形，复制两个到当前文件中，并调整至合适的大小及位置。注意图层的排列顺序，效果见图10-103。

图10-102　防晒专区产品制作效果（1）　　　图10-103　防晒专区产品制作效果（2）

（9）以同样的操作完成其他产品的制作，效果见图10-104。

图10-104　防晒专区产品制作效果（3）

8. 买三送一栏目标题制作

（1）在3192px的位置新建一条水平参考线。

（2）通过复制图层、修改文字等操作，完成"买三送一"栏目标题的制作，效果见图10-105。

图10-105 "买三送一"栏目标题制作

9. "买三送一"产品制作

（1）分别在3572px、3952px、4332px的位置新建三条水平参考线。

（2）制作方法同"首页防晒专区产品制作"，可通过复制图层、修改产品及文字等操作，完成"买三送一"产品的制作，效果见图10-106。

图10-106 "买三送一"产品制作效果

10. 底部制作

（1）参考店招制作方法，制作底部背景。

（2）绘制两个多边形形状，其参数设置见图10-107、图10-108。

（3）为较大的多边形形状添加"渐变叠加"样式，叠加颜色为#faf1d5到#eeab70的线性渐变，角度为90°。小的多边形形状无填充，红色描边：#fa607a，大小为1px，虚线。

（4）绘制圆形形状，无填充色，红色描边：#fa607a，大小为1px，虚线。

（5）输入文字"返回首页"，设为方正粗宋简体，红色：#e23350，21点，效果见图10-109。

图10-107 多边形1参数设置

图10-108 多边形2参数设置

图10-109 底部按钮效果

（6）复制"返回首页"图标，移动到相应的位置，更改文字为"查看更多"。底部的制作效果见图10-110。

图10-110 底部制作效果

11. 保存文件

（1）按组合键<Ctrl+S>保存文档为PSD格式。

（2）按组合键<Ctrl+Shift+S>保存文档为JPEG格式。

举一反三

某美妆类产品网站，需要在双十一活动期间对首页进行设计，营造购物狂欢节日气氛。设计师与客户沟通后得到需求信息，见表10-6。

表10-6 某美妆类产品网店客户需求信息

项　　目	客　户　反　馈
店铺定位	美妆类产品手机端店铺
店铺特色	品类齐全，100%正品
主营产品	洁肤、护肤、彩妆、防晒等，主打彩妆产品
消费人群	所有年龄段的爱美女性
营造氛围	我有我个性、我有我色彩
店铺活动	优惠券、满就送、超值组合
店招尺寸	宽为750px，高为254px
首页整体尺寸	宽为608px，高自定义

请根据以上客户反馈信息，为该网站进行首页模块布局设计（绘制页面布局图，参考图10-73）。

任务评价

评价项目	自我评价（20分）		教师评价（80分）	
	分　　值	评　　分	分　　值	评　　分
页面元素完整	6分		24分	
页面布局合理、美观	5分		20分	
页面配色准确	4分		16分	
制作效果好	5分		20分	
	自我评价小计		教师评价小计	
综合评价：				

项目总结

进入店铺第一眼看到的就是网店的首页，网店首页从装修风格、布局排版、配色等方面突出了店铺所属的类目、产品定位、促销活动等信息，给顾客一个对店铺的整体印象，也将直接影响店铺的流量及转化率。在设计店铺首页的过程中，应该注意以下问题：

（1）店铺的尺寸应根据平台的要求进行设计。其中，独立网站（如任务一）可以根据店铺的实际需求设计；天猫店铺（如任务二）全屏宽度1920px，店招及导航宽度990px，有效尺寸1200px以内。

（2）首页设计要根据产品定位进行设计与配色，并根据近期店铺活动及平台活动设计首页主题风格。

（3）整个首页应该风格统一，配色合理，切忌混搭，以免给顾客留下店铺及产品定位不明确、页面设计混乱的印象。

课后练习

【项目一练习】

一、选择题

1. 网店美工是（　　）的统称。
   A. 视觉营销　　　　B. 淘宝美工　　　　C. 网店页面美化工作者
2. Photoshop生成的文件默认的文件格式扩展名为（　　）。
   A. JPG　　　　B. PDF　　　　C. PSD　　　　D. TIF
3. Fireworks生成的文件默认的文件格式扩展名为（　　）。
   A. PNG　　　　B. PSD　　　　C. GIF　　　　D. WORD

二、问答题

1. 什么是视觉营销？
2. 网店美工大致有哪些工作流程？

【项目二练习】

一、理论题

1. 拍摄商品细节时，通常使用摄像机的_____功能来进行拍摄。
2. 色彩都具有三种基本属性，它们分别是_____、_____、_____。
3. 网店常见的布局样式分为_____型和_____型两种。

二、问答题

1. 网店图片来源的方式有哪几种？
2. 网店的配色原则有哪些？

三、实践题

将图1中的商品跟赠品合成为一张主图，并添加上文案，最终效果不限，由授课老师评分（主图尺寸为800px×800px，文案要求突出卖点，有重点，整体图片美观）。

商品　　　　　　　　　　　赠品

图1　商品与赠品图

【项目三练习】

一、填空题

1. 宝贝主辅图的大小不能超过（　　），其中主图的尺寸一般设为（　　），辅图的尺寸一般设为（　　　）。

2. 路径转选区的组合键是（　　　）。

3. 在"钢笔"工具下，对于已经绘制的路径，按（　　　）键可以移动锚点，按（　　　）键可以转换锚点。

4. 对于类似木质的纹理效果，我们可以通过（　　　）（　　　）等滤镜完成操作。

二、简答题

1. 简述路径文字的制作过程。

2. 简述加深、减淡工具的作用。

3. 如果想在手机淘宝的首页搜索到你的宝贝，应该如何操作？

三、实践题

某网店需要上新一款手摇榨汁机。设计师与客户沟通后得到需求信息，具体见表1。

表1　某网店客户需求信息

项　目	客　户　反　馈
主图内容	展示产品外观、水果或果汁图片、店铺LOGO
营造气氛	体现正品，营养方便
产品卖点	不通电、无刀头、无噪声
主图尺寸	800px×800px

请根据以上客户需求信息，为该手摇榨汁机制作主辅图（店家提供的商品图见资源包）。

【项目四练习】

一、选择题

1. 路径不是由_____组成的。

（A）锚点　　　　　（B）曲线　　　　　（C）直线　　　　（D）像素

2. 文字图层中的文字信息_____不可以进行修改和编辑。

（A）文字内容，如加字或减字　　　　　（B）文字颜色

（C）将文字图层转换为像素图层后　　　（D）文字大小

3. Photoshop中要暂时隐藏路径在图像中的形状，应执行以下哪种操作？（　　　）

（A）在路径控制面板中单击当前路径栏左侧的眼睛图标

（B）在路径控制面板中按<Ctrl>键单击当前路径栏

（C）在路径控制面板中按<Alt>键单击当前路径栏

（D）单击路径控制面板中的空白区域

二、实践题

"费列罗"官方旗舰店主营产品为巧克力，注重礼盒的精美包装。设计师与客户沟通后得到需求信息，见表2。

表2 "费列罗"官方旗舰店客户需求信息

项 目	客户需求信息
消费人群	普通家庭与个人
食品特点	金色锡纸包装，精美
配色要求	高贵经典、刺激味蕾
LOGO尺寸	宽为1000px，高为1000px
LOGO文案	费列罗官方旗舰店

请根据以上客户需求信息，为该费列罗品牌制作LOGO。

【项目五练习】

一、选择题

1. 如何复制一个图层？（　　　　）（多选）
   A. 选择Edit（编辑）——Copy（复制）
   B. 选择Image（图像）——Duplicate（复制）
   C. 在图层调板的弹出式中选择Duplicate Layer（复制层）
   D. 将图层拖放到图层调板下方创建新图层的图标上

2. 淘宝店铺卖家会自行设计特色装修，PS能够方便制作装修模板，制作模板时会使用到网格、参考线等辅助工具，其中参考线的设置方式为（　　　　）。（多选）
   A. 打开视图，选择标尺
   B. 打开视图，选择网格
   C. 从标尺上按住鼠标右键，拖曳出参考线
   D. 从标尺上按住鼠标左键，拖曳出参考线

3. 变换选区命令可以对选择范围进行哪些编辑？（　　　　）（多选）
   A. 缩放　　　　B. 变形　　　　C. 不规则变形　　D. 旋转

4. 图层是构成图像的重要组成部分，可以把图层看成是可以在上面绘制图像的多层玻璃板，只要上方的玻璃板是透明的，就可以通过透明的部分看到下面的图像，这样一层层的图像叠加起来就是一个最后的效果，而每一个图层之间（　　　　）。（多选）
   A. 相互独立　　　B. 互不干扰　　　C. 单独管理　　　D. 单独操作

5. 下面哪些因素的变化会影响图像所占硬盘空间的大小？（　　　　）（多选）
   A. 像素大小（Pixel Diminsions）　　　　B. 文件尺寸（Document Size）
   C. 分辨率（Resolution）　　　　D. 存储图像时是否增加后缀

二、实践题

"快乐宝贝"是一家母婴产品的企业，主营婴幼儿护理用品（如奶瓶刷、儿童防撞条、婴儿指甲剪等）和孕产用品（如月子鞋、产后收腹带、孕妇睡衣等）。现在想通过网上开店的形式将这些产品推广出去，请思考这个网店店招应该用什么色彩来搭建，主色调是什么，辅助色彩是什么，为什么采用这种色调，并为其设计店招及导航栏。

【项目六练习】

一、选择题（可多选）

1. 形状的自定图形有_____等图形。
   （A）自然　　　　　　（B）符号　　　　　　（C）装饰　　　　　　（D）拼贴
2. 抠像时可使用哪些选取工具？（　　　）
   （A）矩形系列选取工具　　　　　　　　（B）套索系列选取工具
   （C）魔棒系列工具　　　　　　　　　　（D）钢笔系列工具
3. 形状填充的渐变选项可以调节_____参数。
   （A）不透明度渐变　　　　　　　　　　（B）颜色渐变
   （C）旋转渐变　　　　　　　　　　　　（D）投影

二、实践题

"光合优品"果蔬网店即将开业，该店主要经营有机果蔬。充分的光照和雨水使果蔬的营养成分更饱满、更全面，食用更健康、更放心。设计师与客户沟通后得到以下需求信息，见表3。

表3　"光合优品"果蔬网店客户需求信息

项　目	客户反馈
消费人群	普通家庭与个人
果蔬特点	有机、绿色
关键信息	24h不打烊、凭券优惠
广告版面	充分突出光合作用的特点；色彩搭配清爽、明亮
Banner广告尺寸	宽为1920px，高为600px
侧栏广告尺寸	宽为190px，高为500px
广告文案	抓住产品特点，突出卖点，简短而顺口

请根据以上客户需求信息，为该网店制作Banner广告和侧栏广告（店家提供的商品图见资源包）。

【项目七练习】

一、选择题

1. 下面哪个是图层样式中列出的效果？（　　　）
   （A）投影　　　　　　　　　　　　　　（B）渲染
   （C）光照效果　　　　　　　　　　　　（D）镜头光晕
2. 如果使用"矩形"工具画一个以光标所在点为中心的正方形选区应该按哪个键？（　　　）
   （A）Shift+Alt　　　　　　　　　　　（B）Ctrl+Alt
   （C）Ctrl+Shift　　　　　　　　　　　（D）Tab+Ctrl
3. 将图像载入选区可以单击下列哪个键？（　　　）
   （A）Tab　　　　　　（B）Shift　　　　　　（C）Ctrl　　　　　　（D）Alt

二、实践题

"方格子女装"网店到了新款衬衫,新款衬衫要上架,现征集新款衬衫的宝贝详情页。设计师与客户沟通后得到需求信息,见表4。

表4 "方格子女装"网店客户需求信息

项 目	客 户 反 馈
消费人群	16~25岁女性
服装风格	时尚、清新、可爱
关键信息	格子衬衫、新品
详情页版面	海报情景图、宝贝信息、尺码信息、细节展示、品牌售后等
详情页尺寸	宽800px,高度不限(根据实际情况)
宝贝文案	简短、与图相符

请根据以上客户需求信息,为该网店制作宝贝详情页(店家提供的商品图见资源包)。

【项目八练习】

一、选择题(第一题为单选,第二、三题为多选)

1. 拖动锚点的快捷键是(　　　)。
   (A) Ctrl　　　　(B) Alt　　　　(C) shift　　　　(D) 空格
2. 文字对齐方式有(　　　)。
   (A) 左对齐　　　(B) 右对齐　　　(C) 两端对齐　　(D) 居中对齐
3. Photoshop中褪底的方法,有哪几种? (　　　)
   (A) 魔棒工具　　(B) 钢笔工具　　(C) 套索工具　　(D) 蒙版工具
   (E) 通道工具

二、实践题

某农产品店铺主要经营蜂蜜,原汁原味纯天然,安全健康。设计师与客户沟通后得到需求信息,见表5。

表5 某农产品店铺客户需求信息

项 目	客 户 反 馈
消费人群	普通家庭与个人
食品特点	天然安全、源于大自然
关键信息	原汁原味
首焦版面	突出安全、健康、天然的特点;色彩搭配清爽、明亮
首焦尺寸	宽为1920px,高为600px
广告文案	抓住产品特点,突出卖点,简短而顺口

请根据以上客户需求信息,为该网店制作首焦海报(店家提供的商品图见资源包)。

【项目九练习】

一、选择题

1. Alpha通道最主要的用途是（　　）。
   - （A）保存图像色彩信息
   - （B）创建新通道
   - （C）存储和建立选择范围
   - （D）为路径提供通道
2. 对文字图层执行滤镜效果时，首先应当（　　）。
   - （A）栅格化文字
   - （B）删除文字
   - （C）确认文字图层和其他图层没有链接
   - （D）使得这些文字变成选择状态，然后在滤镜菜单下选择一个滤镜命令
3. 调整图像亮度的命令是（　　）。
   - （A）液化
   - （B）色调分离
   - （C）反相
   - （D）色阶

二、实践题

某女性饰品网店现征集网页页尾。设计师与客户沟通后得到需求信息，见表6。

表6　某女性饰品网店客户需求信息

项　　目	客　户　反　馈
消费人群	25～35岁女性
网店风格	优雅、华丽
关键信息	店铺公告、关于色差、关于快递
页尾版面	客服联系按钮、网店公告信息、功能按钮
页尾尺寸	宽700px×高300px
页尾文案	贴心、真实

【项目十练习】

一、简答题

1. 形状工具选项栏中相关选项的作用有哪些？
2. 柔角画笔的特点及笔触调整方式是什么？
3. 图层蒙版的作用有哪些？
4. 如何选择、设置画笔参数，可以绘制出水彩画的效果？
5. 不同的图层组，如何完成分布与对齐操作？

二、实践题

"潮流服饰"网店需要对网站进行改版，该店主要经营潮流女装、男装、内衣等。设计师与客户沟通后得到需求信息，见表7。

表7 "潮流服饰"网店客户需求信息表

项 目	客 户 反 馈
网站名称	潮流服饰
主营产品	女装、男装、内衣、配饰
整体风格	潮流时尚
广告产品	纯羊毛披肩
商品分类栏	女装、内衣、男装、配饰
网站要求	便于浏览、方便客户快速找到需要的产品、突出网站活动和优惠
消费者保障	环球时尚、七天无理由退换货、货到付款、免邮

请根据以上客户需求信息，制作网站首页（店家提供的商品图见资源包，可参考资源包中效果进行制作，也可自主创意）。

参 考 文 献

[1] 赵殊，范萍. 网页美工设计实训[M]. 北京：高等教育出版社，2012.
[2] 葛存山. 淘宝网开店、装修、管理、推广一册通[M]. 2版. 北京：人民邮电出版社，2013.
[3] 崔洪斌. Photoshop数码照片处理入门与进阶[M]. 2版. 北京：清华大学出版社，2018.